Langenscheidt

Sprachkurs für Faule
Spanisch 1

von André Höchemer und Stefan Schmidt

Langenscheidt

München · Wien

Sprachkurs für Faule – Spanisch 1
Herausgegeben von der Langenscheidt-Redaktion

Autoren: André Höchemer und Stefan Schmidt
Lektorat: Montserrat Varela
Projektleitung: Andrea Freier, Susanne Meyer
Illustrationen: Elvira Bernhardt (Innenteil), Elisa Sturm (Umschlaginnenseite; S. 5),
     alle weiteren Illustrationen von Shutterstock.com
Design & Layout: Pia Stiegler, Friends Media Group GmbH, Augsburg
Umschlaggestaltung: Pia Stiegler und Elisa Sturm, Friends Media Group GmbH, Augsburg
Corporate Design Umschlag: KW43 BRANDDESIGN, Düsseldorf

Auf **www.langenscheidt.com/bonusmaterial** kannst du alle **MP3-Audiodateien** für den
„Sprachkurs für Faule – Spanisch 1" herunterladen. Gib dazu bitte den Code **SFS324** ein.

www.langenscheidt.com

© 2018 Langenscheidt GmbH & Co. KG, München
Satz: Pia Stiegler, Friends Media Group GmbH, Augsburg
Druck und Bindung: Druckerei C.H. Beck, Nördlingen

18010

ISBN 978-3-468-28324-6

Willkommen beim
„Sprachkurs für Faule"!

Dein Alltag ist schon viel zu voll?

Und du möchtest eine Sprache mal auf eine andere, entspanntere Art lernen?

Das Pärchen Anna aus Berlin und José aus Puzol hat sich ganz modern über Facebook kennengelernt. Claro, dass die Verliebten einen Ausweg aus der Fernbeziehung suchen. Anna entschließt sich, zu José zu ziehen. Erlebe mit, wie es ihr beim Neuanfang in Spanien ergeht:

vom Gang zum Einwohnermeldeamt, Freizeitaktivitäten am Strand und Partymachen mit Freunden bis hin zur Jobsuche, dem ersten Familientreffen und Reiseplänen für den Sommer.

So funktioniert es:

» Lass dich von den **Situationen** überraschen, mit denen Anna in Spanien konfrontiert wird.

» Steh ihr zur Seite und aktiviere dabei dein Spanisch mit coolen Übungshäppchen zum Lesen, Hören und Entdecken.

» **Lösungen** und **Übersetzungen** stehen immer unten auf der Seite, **Hörtexte** im Anhang.

Abkürzungen und Symbole:

Für die Übung brauchst du etwa

⏱ 3 Minuten   ⏱ 5 Minuten   ⏱ 7 Minuten

🎧 Zu dieser Übung gibt es eine **Vertonung** als MP3-Datei. Den **Download-Code** findest du auf S. 2 im Buch.

m	maskulin, männlich	*Pl*	Plural
f	feminin, weiblich	*Sg*	Singular
m/f	maskulin und feminin	*ugs.*	*umgangssprachlich*

Inhalt

1 // **Von Spaniern bekommt man immer wieder zu hören, wie schwierig Deutsch doch sei. Dabei hat das spanische Alphabet einen Buchstaben mehr, also insgesamt 27. Und bis vor einigen Jahren hatte es sogar 29, da die beiden Digraphen ch und ll als eigene Buchstaben galten und somit auch zum Alphabet gehörten.**

Hier siehst du die Buchstaben des spanischen Alphabets, in Klammern ihre Namen und darunter ihre Aussprache. Die hörst du dir aber am besten an, denn da gibt es doch einige entscheidende Unterschiede zur Aussprache der Buchstaben im Deutschen. ⏻🎧 Track 1

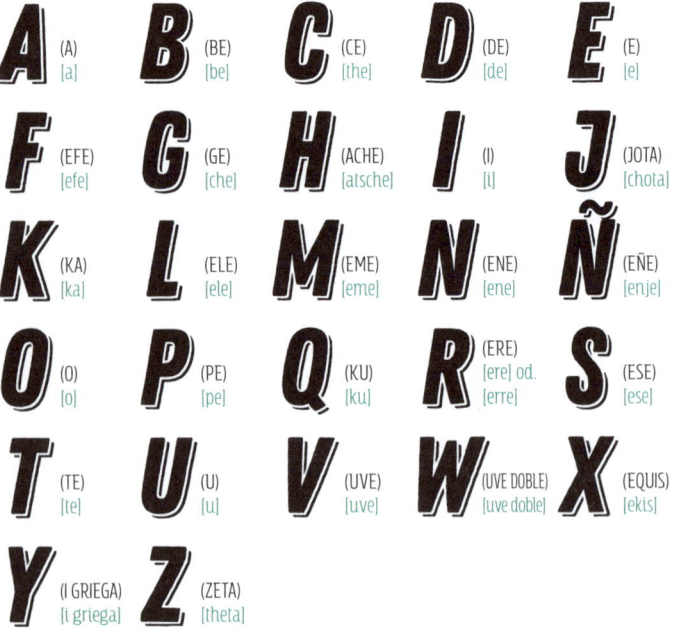

A (A) [a]	**B** (BE) [be]	**C** (CE) [the]	**D** (DE) [de]	**E** (E) [e]
F (EFE) [efe]	**G** (GE) [che]	**H** (ACHE) [atsche]	**I** (I) [i]	**J** (JOTA) [chota]
K (KA) [ka]	**L** (ELE) [ele]	**M** (EME) [eme]	**N** (ENE) [ene]	**Ñ** (EÑE) [enje]
O (O) [o]	**P** (PE) [pe]	**Q** (KU) [ku]	**R** (ERE) [ere] od. [erre]	**S** (ESE) [ese]
T (TE) [te]	**U** (U) [u]	**V** (UVE) [uve]	**W** (UVE DOBLE) [uve doble]	**X** (EQUIS) [ekis]
Y (I GRIEGA) [i griega]	**Z** (ZETA) [theta]			

2 // Spanisch klingt nicht nur wegen der Lispellaute und des ñ so herrlich exotisch, auch die Akzente geben den Ton an. Besser gesagt *der* Akzent, denn anders als im Französischen gibt es nur einen, den sogenannten Akut. Dank ihm wird aus einem Ole ... ¡olé! Scherz beiseite, der spanische Akzent hat tatsächlich wichtige Funktionen – lies mal!

Der Akzent wird eingesetzt, wenn die Betonung eines Wortes von den folgenden Regeln abweicht. ◑

Endet ein Wort auf Vokal, -n oder -s,
betont man die vorletzte Silbe:

hola *hallo*   **pin**tan *sie malen*   **co**sas *Dinge*

Endet ein Wort auf Konsonant (außer -n oder -s),
dann wird die letzte Silbe betont:

a**mor** *Liebe*   cultu**ral** *kulturell*   a**rroz** *Reis*

Weicht ein Wort von diesen Regeln ab,
trägt es einen Akzent auf der betonten Silbe:

ma**má** *Mama*   Ber**lín** *Berlin*   e**ró**tico *erotisch*

! Bei manchen gleich geschriebenen Wörtern – vor allem kleinen Wörtchen – dient der sogenannte **diakritische Akzent** dazu, sie voneinander zu unterscheiden. Dann bekommt ein Wort einfach den Akut verpasst, ohne dass sich an der Aussprache etwas ändert.

Mit Akzent	Ohne Akzent	Mit Akzent	Ohne Akzent
sí *ja*	**si** *wenn*	**más** *mehr*	**mas** *aber*
aún *noch*	**aun** *sogar*	**mí** *mir*	**mi** *mein*
está (er/sie/es) ist	**esta** *diese*	**té** *Tee*	**te** *dir/dich*
		tú *du*	**tu** *dein*

3 // **Was, im Spanischen gibt es auch Umlaute? Jein, denn Wörter wie** *pingüino* *Pinguin* **oder** *cigüeña* *Storch* **erwecken zwar den Eindruck, doch der täuscht! Hier kommt nämlich das sogenannte** **Trema(zeichen)** **zum Einsatz, wie die beiden ü-Pünktchen heißen.**

Lies mal, was es damit auf sich hat, und hör dir die Beispiele an. ◑🎧 Track 2

Benutzt man das Trema bei allen Vokalen?

Nein, nur über dem **u.**

Wird es dann wie das deutsche **ü** ausgesprochen?

Nein, ganz normal wie ein **u.**

Aber warum verwendet man das Trema dann überhaupt?

Eigentlich wird das u in den Verbindungen **gue** und **gui** ja nicht ausgesprochen, wie beispielsweise in guitarra (Gitarre) oder gueto (Ghetto). Wenn es doch ausgesprochen werden muss, erhält es ein Trema.

Beispiele für häufig gebrauchte Wörter mit Trema:

vergüenza *Scham, Schande*

desagüe *Abfluss*

bilingüe *zweisprachig*

Antigüedad *Altertum, Antike*

ambigüedad *Zwei-, Doppel- oder Mehrdeutigkeit*

nicaragüense *Nicaraguaner*

4 // Spanische Wörter werden so ausgesprochen, wie sie geschrieben werden? Weit gefehlt! Insbesondere bei der Aussprache der Konsonanten gibt es zum Teil erhebliche Unterschiede zum Deutschen. Manche Konsonanten werden werden zudem ganz unterschiedlich ausgesprochen, je nach dem darauffolgenden Buchstaben. Lies und hör gut zu, damit du in Zukunft nicht nur den Namen der Ferieninsel Mallorca richtig aussprechen, sondern auch ein Bier bestellen kannst, ohne dass man dir gleich den *guiri*, den *Touristen* oder *Ausländer*, anmerkt ... ◑ 🎧 Track 3

Schrift	Aussprache	Beispiele
c (vor e, i), z	stimmloser Lispellaut wie **th** im Englischen*	**cinco** thinko *fünf* **zapato** thapato *Schuh*
c (vor a, o, u, vor Konsonanten), qu	**k** wie in *kalt*	**casa** kassa *Haus* **queso** kesso *Käse*
ch	**t** und **sch** wie in *Matsch*	**mucho** mutscho *viel*
g (vor e, i), j	**ch** wie in *Dach*	**girar** chirar *abbiegen* **juntos** chuntos *gemeinsam*
g (vor a, o, u)	**g** wie in *Gast*	**gustar** gustar *gefallen*
ll, y	wie **-lie** in *Familie*, dem deutschen **j** ähnlich	**llave** jawe *Schlüssel* **rayo** rajo *Blitz*
ñ	**nj** wie in *Champagner*	**España** Espanja *Spanien* **niños** ninjos *Kinder*
r (nicht am Wortanfang)	Zungen-**r**	**señor** senjor *Herr*
r (am Wortanfang, nach l, n, s), rr	stark gerolltes Zungen-**r**	**regalo** rregalo *Geschenk* **perro** perro *Hund*
s (vor Vokalen, am Wortanfang)	scharfes **s** wie in *besser*	**mesa** messa *Tisch* **siesta** siessta *Mittagsschlaf*
s (vor b, d, g, l, m, n, r, v)	weiches **s** wie in *Sonne*	**mismo** mismo *selbst*

*Auf den Kanaren (und in Lateinamerika) wird c wie ein s ausgesprochen.

Anna hat Grafikdesign in Berlin studiert und ist auf Jobsuche. Dann lernt sie auf Facebook den Spanier José kennen und verliebt sich – **olé**, oje! Die Fernbeziehung stellt ihr Leben mächtig auf den Kopf.

José ist eigentlich Ingenieur, jobbt aber als Kellner in der Strandkneipe seiner Eltern im spanischen Ort Puzol. Er lernt nebenbei Deutsch auf der Sprachhochschule – nicht nur (aber auch) wegen **el amor**.

Amor al primer clic

Liebe auf den ersten Klick

1 // Über ein Facebook-Forum haben sich Anna aus Berlin und José aus dem spanischen Puzol (Valencia) kennengelernt. Es ist Liebe auf den ersten Klick – und der Anfang einer Fernbeziehung mit viiiiielen E-Mails, WhatsApps und Skype-Gesprächen mit einigen sprachlichen Hürden. An einem Freitagmorgen piept Josés Handy.

> Holla, José,
> ¿teines un momento?

Argh! Wie so oft beim WhatsAppen haben sich hier ein paar Flüchtigkeitsfehler bei Anna und José eingeschlichen. Kannst du sie korrigieren? ◑

> Buenos días, mi amor. 😎
> Claro, para ti siempre.

> Quierro contarte algo.

> 😁 Oh, espero que
> sea algo bueno, jeje.

> Espero que sí, hehe, pero por
> WhatsApp es un poco raro. ¿Puedemos
> hablar por Skype para vernos?

> Sin problema. Espera,
> me conecto y te llamo.

! Lachen wird beim Chatten in der spanischen Umgangssprache oft mit **jaja** oder **jeje** angegeben.

> 👍 Muy bueno, gracias.
> Yo ya soy conectada.

Hola hallo // tienes du hast, hier; hast du Quiero ich will/möchte // Podemos wir können, hier; können wir // bien gut // estoy ich bin

(A:) Hallo, José, hast du einen Moment Zeit? // (J:) Guten Morgen, Liebling. Klar, für dich immer. // (A:) Ich möchte dir etwas sagen. // (J:) Oh, ich hoffe, es ist was Gutes, hehe. // (A:) Das hoffe ich auch, hehe, aber per WhatsApp ist es ein bisschen komisch. Können wir skypen, um uns zu sehen? // (J:) Kein Problem. Warte, ich logge mich ein und rufe dich an. // (A:) Sehr schön, danke. Ich bin schon eingeloggt.

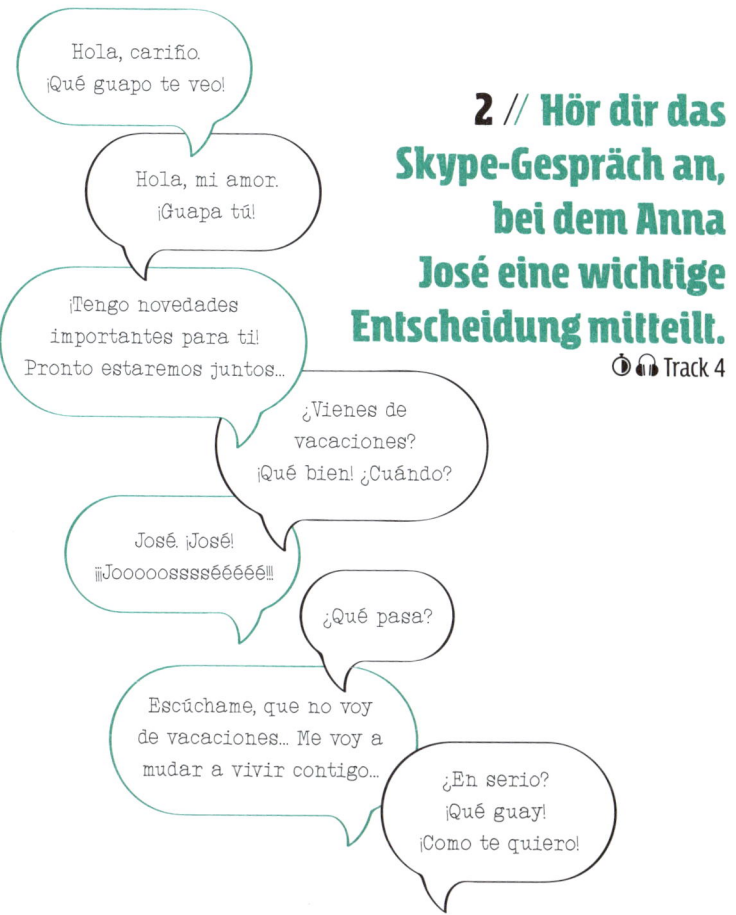

2 // Hör dir das Skype-Gespräch an, bei dem Anna José eine wichtige Entscheidung mitteilt.

◐ 🎧 Track 4

Hola, cariño. ¡Qué guapo te veo!

Hola, mi amor. ¡Guapa tú!

¡Tengo novedades importantes para ti! Pronto estaremos juntos...

¿Vienes de vacaciones? ¡Qué bien! ¿Cuándo?

José. ¡José! ¡¡¡Joooooossss&&&&&!!!

¿Qué pasa?

Escúchame, que no voy de vacaciones... Me voy a mudar a vivir contigo...

¿En serio? ¡Qué guay! ¡Como te quiero!

Hast du verstanden, womit sie ihn überrascht und wie er darauf reagiert?

ⓐ *Sie will Schluss machen und José ist traurig.*

ⓑ *Sie hat einen neuen Job und José gratuliert ihr.*

ⓒ *Sie will zu José nach Spanien ziehen und er freut sich riesig.*

(c) Sie will zu José nach Spanien ziehen und er freut sich riesig.

(A:) Hallo, Schatz. Du siehst aber gut aus! // (J:) Hallo, Liebling. Und du erst! // (A:) Ich habe wichtige Neuigkeiten für dich! Wir werden bald zusammen sein ... // (J:) Willst du Urlaub hier machen? Wie schön! Wann denn? // (A:) José, José! // Jooooossssssoooooor!!! // (J:) Was ist? // (A:) Hör mir zu. Ich werde keinen Urlaub machen ... Ich werde zu dir ziehen ... // (J:) Im Ernst? Super! Ich hab dich ja so lieb!

3 // ¡Ay, el amor! Anna und José sind total verliebt und geizen nicht mit Kosenamen füreinander. Für Annas Freunde klingt es lustig, wenn sie von ihrem spanischen Lover schwärmt.

Findest du noch 9 weitere spanische Kosenamen, die hier versteckt sind?

C	A	R	I	Ñ	O	Ñ	D	C	O	V	U	T
X	N	Y	F	D	V	F	U	B	A	D	X	E
P	O	V	B	Q	B	E	L	L	A	E	Y	S
U	M	J	O	U	E	A	Z	P	I	Ñ	J	O
E	D	F	M	G	V	F	U	U	W	S	F	R
F	G	A	B	Ñ	S	I	R	Ñ	Z	Q	M	O
S	U	B	Ó	A	X	E	A	O	N	F	V	A
I	A	G	N	F	G	Y	S	G	P	S	B	B
E	P	P	J	O	C	V	C	I	E	L	O	O
F	O	V	Z	Q	D	B	D	M	G	Z	N	D
D	I	D	A	F	S	I	C	V	F	J	I	E
M	W	C	O	R	A	Z	Ó	N	F	W	T	X
Z	Y	V	U	B	O	N	M	A	S	P	A	U
A	M	O	R	P	X	Ñ	E	C	O	Q	V	Z

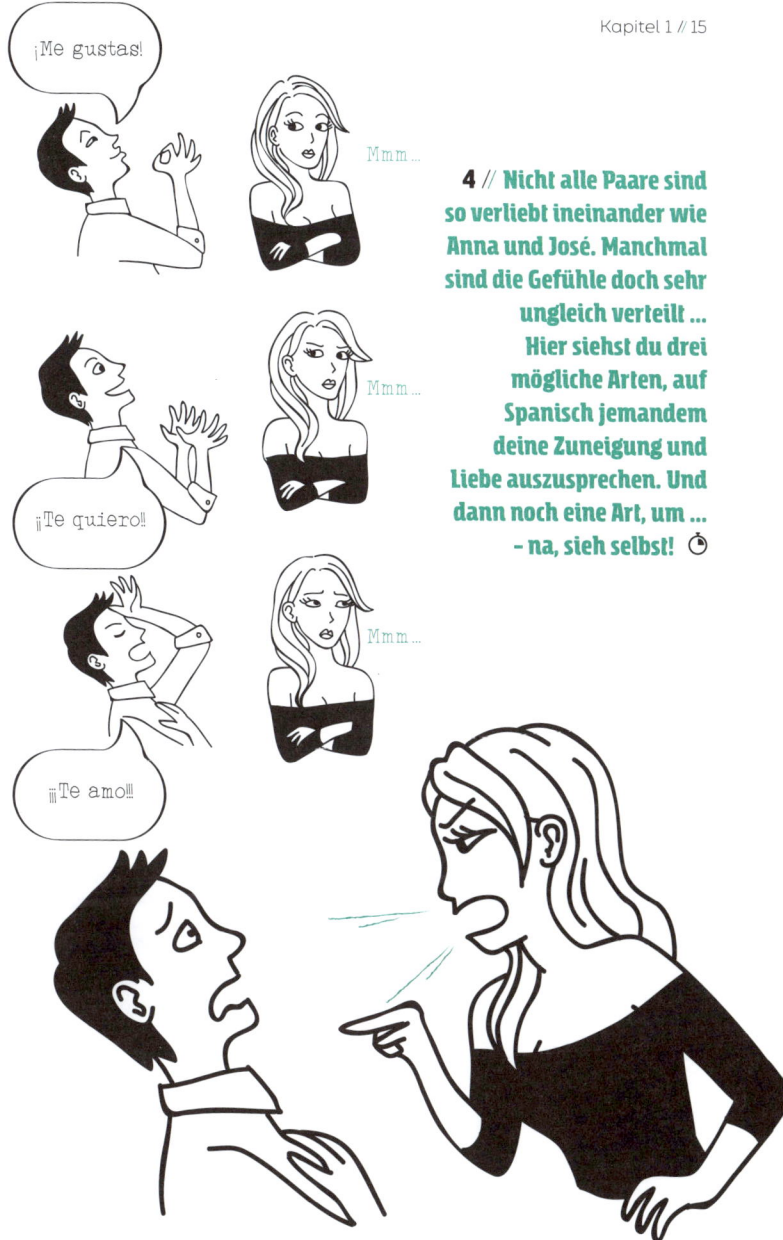

4 // **Nicht alle Paare sind so verliebt ineinander wie Anna und José. Manchmal sind die Gefühle doch sehr ungleich verteilt ... Hier siehst du drei mögliche Arten, auf Spanisch jemandem deine Zuneigung und Liebe auszusprechen. Und dann noch eine Art, um ... – na, sieh selbst!**

Er: Ich mag dich! Sie: Mmm ... // Er: Ich liebe dich! Sie: Mmm ... // Er: Ich liebe dich über alles!!! Sie: Mmm ... // Sie: Ich hasse dich!!

5 // Das Pärchen lebt seine Fernbeziehung über Facebook, Twitter, Instagram & Co. aus. Anna schaut sich ständig Fotos von Josés Umfeld an.

Um ihr Spanisch zu verbessern, hat sie einige Benutzeroberflächen auf Spanisch umgestellt, aber so ganz kommt sie noch nicht damit klar. Welches Emoji passt zu welcher Reaktion? ⏱

ⓐ Me gusta

ⓑ Me entristece

ⓒ Me encanta

ⓓ Me enfada

ⓔ Me asombra

ⓕ Me divierte

6 // Anna und José sind mächtig verknallt!

Am Valentinstag hat José ganz altmodisch einen echten Liebesbrief geschrieben – handschriftlich, auf Papier und natürlich auf Spanisch! Findest du die folgenden deutschen Begriffe (auf Spanisch) wieder? Unterstreiche sie. ◑

Hola, mi tesoro:

Espero que estés muy bien. Me gustaría estar contigo ahora mismo y darte un buen beso, pero todavía tenemos que esperar un poquito. Ya tengo muchas ganas de verte. Hablar por teléfono y Skype es estupendo, pero también quiero poder tocarte y abrazarte. Solo unos pocos días más... ¡y estaremos juntos!

Muchos besos,
José

Die Koffer sind gepackt, die Zimmerpflanzen verschenkt und der Kater nach der Abschiedsparty ist zum Glück verschwunden. Die Familie bringt Anna zum Flughafen und nach einer umarmungs- und tränenreichen Verabschiedung geht es endlich los: „**España**, ich koooommeeee!"

Adiós, Alemania, ¡hola, España!

Tschüss Deutschland, hallo Spanien!

1 // **Anna steigt in den Flieger nach Valencia und los geht's in ihr neues Leben! Sie sitzt neben einer älteren spanischen Frau namens María und kommt sofort mit ihr ins Gespräch. Hilf Anna beim Smalltalk!**
Welche Wörter passen? Hör dir danach den Dialog an. Track 5

Buenos (1)_____ .

tardes (tarde)

(2)_____, buenas

(3)_____, que fuera ya está casi oscuro, ¿no?

noches (noche)

Ah sí, (4)_____

Nada que perdonar. Puedes decir todo menos "buenos días".

hola

Vaya, ¿y por qué no?

Porque ya no es de día. También puedes decir "buenas (5)_____", porque seguro que me duermo enseguida, jaja…

perdón

días (día =)

Yo también me duermo siempre en el avión.

Entonces el tiempo se nos pasará volando; ¡(6)_____ luego!

hasta

(A): Guten Morgen / Tag. // (F): Hallo, guten (Nachmittag/Tag, denn draußen ist es schon dunkel, nicht wahr? // (A): Ach, ja, Entschuldigung. // (F): Da gibt es nichts zu entschuldigen. Du kannst alles außer „guten Morgen / Tag" sagen. // (A): Na so was, warum nicht? // (F): Weil es nicht mehr „Tag" ist. Du kannst auch „gute Nacht" sagen, weil ich bestimmt gleich einschlafe, haha … // (A): Ich schlafe auch immer im Flugzeug. // (F): Dann wird die Zeit für uns wie im Flug vergehen. Bis später!

(1) días // (2) hola // (3) tardes // (4) perdón // (5) noches // (6) hasta

**2 // Als Annas Flugzeug in Valencia landet,
schnappt sie ihr Handgepäck und verabschiedet sich von ihrer
Sitznachbarin María: ¡Adiós! Auf dem Weg zum Ausgang hört sie
bei den anderen Passagieren und Crew noch unzählige andere
Abschiedsformeln. Kannst du alle richtig zuordnen?** ⏱

❶	hasta luego	bis morgen	ⓐ
❷	hasta ahora	auf Nimmerwiedersehen	ⓑ
❸	hasta más tarde	bis Freitag	ⓒ
❹	hasta la tarde	bis später	ⓓ
❺	hasta mañana	auf Wiedersehen	ⓔ
❻	hasta el viernes	bis dann	ⓕ
❼	hasta la vista	bis gleich	ⓖ
❽	hasta nunca	bis heute Nachmittag	ⓗ

! Bei den spanischen Begrüßungen kann man sich grob nach dem Essen orientieren: **"buenos días"** sagt man vom Aufstehen bis zum Mittagessen, **"buenas tardes"** zwischen (dem späten) Mittag- und Abendessen und **"buenas noches"** nach dem Abendessen, also nicht nur vor dem Schlafengehen. Das **"hola"** kann man rund um die Uhr benutzen.

1f // 2g // 3d // 4h // 5a // 6c // 7e // 8b

3 // José holt Anna mit einem selbst gemalten Willkommensplakat am Flughafen ab. "Bienvenida – ♥-lich willkommen" steht darauf. Anna wird es ganz warm ums Herz – und nicht nur ums Herz. Es ist nämlich sehr viel wärmer hier in Valencia als gerade noch in Berlin. Auf der Fahrt unterhält sich das Pärchen über die Wetterunterschiede zwischen Deutschland und Spanien.

Hör dir die Sätze an und ordne sie den folgenden Illustrationen zu. ◑ 🎧 Track 6

ⓐ Está un poco nublado.

ⓓ Está muy nublado.

ⓑ Hay tormenta.

ⓔ Está lloviendo.

ⓒ Hace mucho sol.

ⓕ Está nevando.

Weitere Wetterbegriffe findest du im Anhang auf Seite 95 f.

(6) Es schneit (gerade). //
(3) Es ist stark bewölkt. // (4) Es gewittert. // (5) Es regnet (gerade). //
(1) Die Sonne scheint stark./Es ist sehr sonnig. // (2) Es ist ein bisschen bewölkt. //

1 c // 2 a // 3 d // 4 b // 5 e // 6 f

4 // **In Josés Heimatort Puzol angekommen bemerkt Anna, dass alle Geschäfte geschlossen sind. José klärt sie auf, dass heute ein lokaler Feiertag – Día de San Juan, *Johannistag* – ist. "Siempre de fiesta", *"immer am Feiern"*, lacht Anna. Ihr Freund grinst, denn das Klischee der feierlustigen Spanier kennt er. Dabei gibt es in Spanien ganz ähnliche Feste und Feiertage wie in Deutschland. Lies und hör dir die Bezeichnungen an.** ⏱ 🎧 Track 7

Año Nuevo Neujahr

Carnaval Karneval, Fasching

Pascua(s) Ostern

Semana Santa Karwoche

PENTECOSTÉS PFINGSTEN

Navidad(es) Weihnacht/Weihnachten

NOCHEBUENA HEILIGABEND

Nochevieja Silvester

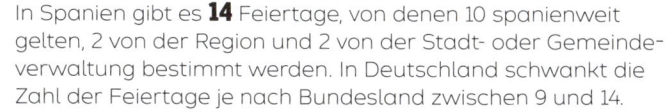

In Spanien gibt es **14** Feiertage, von denen 10 spanienweit gelten, 2 von der Region und 2 von der Stadt- oder Gemeinde- verwaltung bestimmt werden. In Deutschland schwankt die Zahl der Feiertage je nach Bundesland zwischen 9 und 14.

5 // José zeigt Anna erst einmal ~~seine~~ – ach was, *ihre!* –
kleine, aber feine Wohnung. Im Folgenden findest du eine
Auflistung der wichtigsten Räume und Bestandteile, aber
es haben sich auch zwei Dinge eingeschlichen, die es sicher
nicht in Josés bescheidener Behausung gibt.

Was passt nicht? Streiche durch. ⏱

baño

jacuzzi

cocina

vestidor

ASEO

salón

pasillo

comedor

DORMITORIO

balcón

6 // **Um Anna das Spanischlernen ein wenig zu erleichtern, hat sich José etwas Besonderes einfallen lassen: Er hat überall in der Wohnung Haftnotizen mit den Namen der Einrichtungs- und Alltagsgegenstände verteilt. Ein paar sind leider heruntergefallen, und Anna versucht, sie richtig zuzuordnen. Findest du heraus, ob ihr das gelungen ist?** ◑

	richtig	falsch	
❶	○	○	**ventana – Fenster**
❷	○	○	*SILLA – TISCH*
❸	○	○	*cortina – Kühlschrank*
❹	○	○	*nevera – Gardine*
❺	○	○	puerta – Tür
❻	○	○	planta – Zimmerpflanze
❼	○	○	*MESA – BETT*
❽	○	○	cama – Stuhl

silla Stuhl // cortina Gardine // nevera Kühlschrank // mesa Tisch // cama Bett
Richtig: 1, 5, 6 // **Falsch:** 2, 3, 4, 7, 8

Langsam beginnt Anna, sich in Spanien einzuleben. Aber noch gibt es einiges zu erledigen – zum Beispiel jede Menge Papierkram! Das erfordert viel Geduld, Zeit und vor allem den Einsatz all ihrer Spanischkenntnisse.

**No dejes para mañana
lo que puedas hacer hoy.**
Was du heute kannst besorgen,
das verschiebe nicht auf morgen.

1 // **Anna ist ziemlich tatkräftig und überlegt sich, was sie in den nächsten Tagen alles erledigen will: Jobsuche, Behördengänge, Spanischkurs und mehr. Sie notiert sich alles auf Spanisch und auf Deutsch, doch dann landet ihre To-do-Liste in der Waschmaschine. Kannst du dem spanischen Ausdruck jeweils die deutsche Entsprechung zuordnen?** ⏱

❶	empadronarse	die Umgebung erkunden	ⓐ
❷	diferentes trámites burocráticos	einen Spanischkurs anfangen	ⓑ
❸	empezar un curso de español	Einkaufen gehen	ⓒ
❹	ir a comprar	ein Fahrrad kaufen	ⓓ
❺	buscar trabajo	beim Einwohnermeldeamt melden	ⓔ
❻	redecorar el piso	Arbeit suchen	ⓕ
❼	comprar una bici	die Wohnung umdekorieren	ⓖ
❽	conocer el entorno	verschiedene Behördengänge	ⓗ

2 // Der erste Punkt auf Annas *To-do-Liste* oder lista de cosas por hacer, wie die Spanier sagen, ist gleich eine harte Nuss: der Gang zum Einwohnermeldeamt. Und sie lässt es sich nicht nehmen, auf eigene Faust loszuziehen.

Hör dir Josés Beschreibung an, wie sie zum Einwohnermeldeamt gelangt. Zeichne dann Annas Weg in den Plan ein! 🎧 Track 8

Calle Mayor

3 // Annas aus Deutschland nachgeschicktes Gepäck ist endlich da und wartet auf dem örtlichen *Postamt* Correos darauf, abgeholt zu werden. Puh, die Warteschlange auf der Post scheint endlos, aber Anna vertreibt sich die Zeit mit einem Wandkalender.

Kannst du die spanischen Wochentage richtig zuordnen? Trage sie in den Kalender ein! ◑

domingo	viernes	martes	jueves

miércoles	lunes	sábado

Kalender

❶ Montag	❹ Donnerstag
_____	_____
❷ Dienstag	❺ Freitag
_____	_____
❸ Mittwoch	❻ Samstag ❼ Sonntag
_____	_____ _____

4 // Anna hat ein Schild in einem netten Café entdeckt, das eine Aushilfsbedienung sucht. Sie überlegt nicht lange und stellt sich kurz vor. Trotz ihres gebrochenen Spanisch wird sie vom Besitzer erst mal mit Fragen und Infos bombardiert – er spricht wirklich ohne Punkt und Komma! **Kannst du Anna helfen, die schnell heruntergeratterten Wörter zu trennen und zu erkennen? Du kannst dir die Fragen bzw. Aussagen auch anhören.** ⓘ 🎧 Track 9

❶ ¿Hastrabajadoalgunavezenunbarounacafetería?

❷ **Buscamosaalguienparaveinticincohorasalasemana.**

❸ ¿Prefierestrabajarporlasmañanasoporlastardes?

❹ **¿Podríastrabajartambiénalgúnfindesemana?**

❺ Pagamosochoeuroslahoraytehacemosuncontratodemedioaño.

❻ *Siteinteresapuedesempezarestamismasemana.*

(1) ¿Has trabajado alguna vez en un bar o una cafetería? Hast du schon mal in einer Kneipe oder einem Café gearbeitet? // (2) Buscamos a alguien para veinticinco horas a la semana. Wir suchen jemanden für fünfundzwanzig Stunden pro Woche. // (3) ¿Prefieres trabajar por las mañanas o por las tardes? Würdest du lieber vormittags oder lieber nachmittags arbeiten? // (4) ¿Podrías trabajar también algún fin de semana? Könntest du auch mal am Wochenende arbeiten? // (5) Pagamos ocho euros la hora y te hacemos un contrato de medio año. Wir zahlen acht Euro die Stunde und einen Halbjahresvertrag ab. // (6) Si te interesa puedes empezar esta misma semana. Wenn du Interesse hast, kannst du noch diese Woche anfangen.

5 // **Anna arbeitet weiter an ihrer lista de cosas por hacer. Heute muss sie mal wieder auf eine Behörde – hört das denn nie auf? – und ein Formular ausfüllen. Sicherheitshalber schaut sie alle Begriffe in einem Online-Wörterbuch nach. Hättest du das Formular auch ohne Smartphone ausfüllen können?** **Versuch's mal!** ⊙

> Spanier haben gewöhnlich **zwei** Nachnamen, da ein Kind bei seiner Geburt normalerweise den jeweils ersten Nachnamen seines Vaters und seiner Mutter erhält (die Reihenfolge bestimmen die Eltern). Auf spanischen Formularen wird dementsprechend nach beiden Nachnamen gefragt.

Nombre	
Apellidos	
Fecha de nacimiento	
Lugar de nacimiento	
Nacionalidad	
Estado civil	
Domicilio	

nombre Vorname // apellidos Nachnamen // fecha de nacimiento Geburtsdatum // lugar de nacimiento Geburtsort // nacionalidad Staatsangehörigkeit // estado civil Familienstand // domicilio Wohnsitz

6 // **Bei ihren endlosen Behördenbesuchen hat Anna die junge Spanierin Laura kennengelernt, die sie gleich zweimal getroffen hat. Beim zweiten Mal bietet ihr Laura nett ihre Hilfe an, und die beiden plaudern ein bisschen. Am Ende wollen sie ihre Telefonnummern austauschen, aber irgendwie kommt Anna nicht ganz mit Lauras Nummern klar. Hilf Anna, die Telefonnummern in Ziffern zu schreiben.** ◑

  seis, dieciséis, cuarenta y tres, veinticinco, treinta y dos

....

  noventa y seis, once, cincuenta y dos, sesenta y siete, ocho

....

  Nicht vergessen: Im Spanischen liest man die Nummern ab 16 von vorne nach hinten, also anders als im Deutschen. Die **sechzehn** wird also zu **dieciséis**.

Handynummer: 6 16 43 25 32 // Festnetznummer: 96 11 52 67 8

Wenn ich schon ans Mittelmeer gezogen bin, muss ich das auch ausnutzen, denkt sich Anna, und will heute an den Strand fahren. Sie sieht sich schon im Bikini auf ihrem Badetuch in der Sonne liegen und vom grauen Himmel von Berlin träumen ...

¡Vamos a la playa!

Auf zum Strand!

1 // Bevor Anna losfährt, will sie sich aber zunächst versichern, ob sie gut ausgestattet ist. Schließlich ist sie die warmen Temperaturen und vor allem die Sonne nicht gewöhnt. Hilf ihr doch dabei, ihre Strandtasche zu packen und entscheide, welche Dinge sie braucht und welche sie getrost zuhause lassen kann. ◑

Streiche die unpassenden Begriffe durch.

sombrilla

paraguas

crema solar

pasta de dientes

BAÑADOR

traje

gafas de sol

ASIENTO DE VÁTER

! Manche Begriffe, die sich im Deutschen ähnlich zusammensetzen, sind im Spanischen komplett unterschiedliche Wörter, wie z.B. Regen- und Sonnenschirm (**paraguas / sombrilla**) oder Sonnen- und Klobrille (**gafas de sol / asiento de váter**). Man muss also beim Übersetzen ganz schön vorsichtig sein, wenn man Unverständnis oder auch Gelächter beim Zuhörer vermeiden will...

In die Strandtasche: sombrilla Sonnenschirm // crema solar Sonnencreme // bañador Badeanzug // gafas de sol Sonnenbrille

Zuhause: paraguas Regenschirm // pasta de dientes Zahncreme // traje Anzug // asiento de váter Klobrille

2 // Anna fährt mit dem Bus zum Strand und kann so ganz
entspannt das Verkehrschaos beobachten. Schließlich
kommt sie am Strand an und legt sich in die Sonne. Schon
bald schläft sie ein und träumt vom spanischen Verkehr.

**Findest du 9 weitere Fortbewegungsmittel oder
Verkehrsteilnehmer im Buchstabengitter?** ⏱

P	O	P	M	Ñ	O	F	D	C	O	P	U	A
X	N	Y	P	D	V	U	A	B	A	E	X	U
P	O	V	R	Q	B	R	K	L	A	A	Y	T
U	T	J	O	U	E	G	Z	M	E	T	R	O
E	A	F	N	G	V	O	P	U	W	Ó	F	B
F	X	A	W	Ñ	S	N	R	Ñ	Z	N	M	Ú
B	I	C	I	C	L	E	T	A	N	F	V	S
I	A	G	Ñ	F	G	T	S	G	P	S	B	B
T	R	A	N	V	Í	A	T	T	A	L	O	T
F	A	V	Z	Q	D	B	D	M	G	Z	N	D
D	H	D	W	F	S	I	C	A	M	I	Ó	N
C	O	C	H	E	A	Z	Ó	N	F	W	T	X
Z	Y	V	U	B	O	N	M	A	S	P	A	U
M	O	T	O	C	I	C	L	E	T	A	V	Z

Waagerecht: metro U-Bahn // bicicleta Fahrrad // tranvía Straßenbahn // camión Lastwagen // coche Auto // motocicleta Motorrad

Senkrecht: taxi Taxi // furgoneta Lieferwagen // peatón Fußgänger // autobús Bus

3 // Anna wird durch den Klingelton ihres Handys geweckt. José hat ihr drei Nachrichten geschickt. Noch ziemlich verschlafen versucht Anna, sie zu lesen und erschrickt: nanu, hat sie vielleicht doch zu lange in der Sonne gelegen? Einige Satzzeichen stehen ja auf dem Kopf! Kannst du Anna dabei helfen, die richtigen Satzzeichen zu setzen? ⏱ 🎧 Track 10

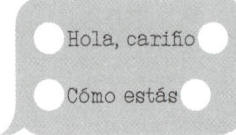

Hola, cariño

Cómo estás

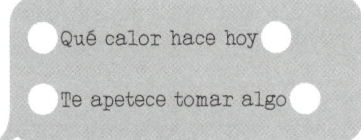

Qué calor hace hoy

Te apetece tomar algo

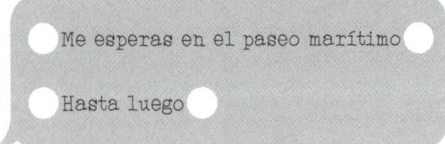

Me esperas en el paseo marítimo

Hasta luego

> Im Spanischen werden Frage- und Ausrufezeichen am Beginn des Satzes umgekehrt (auf dem Kopf) gesetzt, ein Weglassen ist nicht korrekt. „Wie heißt du?" wird also zu "**¿**Cómo te llamas**?**".

¡Hola, cariño! Hola, Schatz! ¿Cómo estás? Wie geht es dir? // ¡Qué calor hace hoy! Wie heiß es heute ist! ¿Te apetece tomar algo? Hast du Lust, etwas trinken zu gehen? // ¿Me esperas en el paseo marítimo? Wartest du an der Strandpromenade auf mich? ¡Hasta luego! ¡Bis nachher!

4 // Anna und José trinken etwas zusammen und reden über ihre Pläne für den Sommer. Jose möchte seiner Freundin gerne etwas mehr von Spanien zeigen. Er nennt einige Städte, die er unbedingt besuchen will, und Anna schreibt sie auf, um später im Internet genauere Informationen suchen zu können. **Hör dir an, welche Städte José mit Anna besuchen möchte. Vervollständige danach die Namen.** ◑ 🎧 Track 11

(1)..... igo   (2)..... i ..... bao   (3)..... arago ..... a

(4) Mur ..... ia   (5) Ro ..... etas de Mar   (6)..... órdoba

(7)..... erona   (8)..... erez de la Frontera

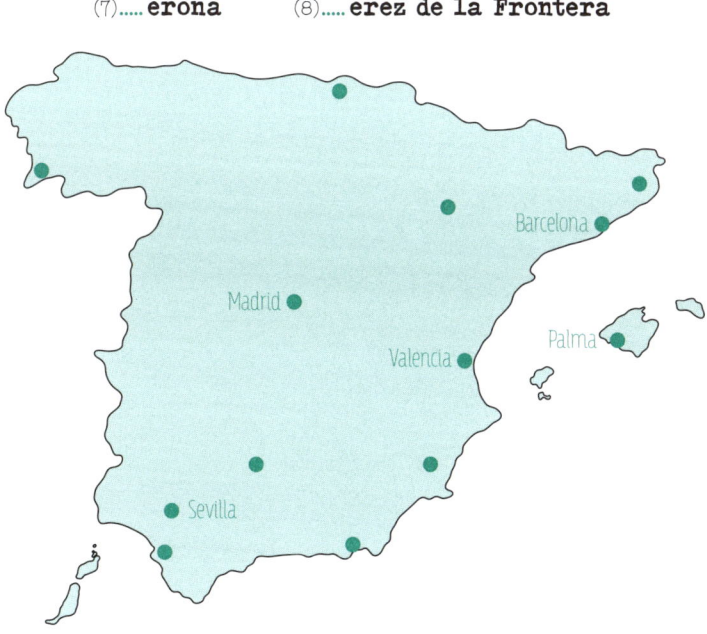

Barcelona

Madrid

Valencia

Palma

Sevilla

5 // Anna sitzt inzwischen alleine im Café und arbeitet an ihrem Laptop. Sie merkt aber recht schnell, dass es ziemlich nervig ist, in Spanien mit einer deutschen Tastatur zu arbeiten. Denn ihr kommt ständig ein Buchstabe in die Quere, den es in Deutschland gar nicht gibt, das ñ, übrigens ausgesprochen wie enje. ◑

muñeca	baño	uña	señal	España

niños	arañas	mañana

Los (1)................................... juegan todo el día en el parque.

Anna pasa mucho tiempo en el (2)...................................

José se levanta muy pronto por la (3)...................................

Ahí delante hay una (4)................................... de tráfico.

Qué bonita es esta (5)...................................

A José le dan miedo las (6)...................................

Anna se ha roto una (7)...................................

Anna y José viven ahora en (8)...................................

Die Kinder spielen den ganzen Tag im Park. Anna verbringt viel Zeit im Bad. José steht am Morgen sehr früh auf. Da vorne steht ein Verkehrsschild. Wie schön ist diese Puppe. José hat Angst vor Spinnen. Anna hat sich einen Fingernagel abgebrochen. Anna und José leben jetzt in Spanien.

(1) niños // (2) baño // (3) mañana // (4) señal // (5) muñeca // (6) arañas // (7) uña // (8) España

6 // Tja, und dann gibt es noch einen anderen Buchstaben, oder sollte man nicht besser sagen zwei ...? Aber nein, im Spanischen gilt das **ll** als ein Buchstabe. Und er wird nicht wie ein doppeltes **l** ausgesprochen, sondern genauso wie **y**. ⏻ 🎧 Track 12

Hör dir die folgenden Wörter an und setze die richtigen Buchstaben ein.

❶ ...... ave

❷ ...... ate

❸ cebo...... a

❹ Ma...... orca

❺ si...... a

❻ o...... e

❼ pro...... ecto

❽ ...... uvia

❾ ...... oga

❿ pae...... a

⓫ a...... er

⓬ ra...... o

⓭ ca...... e

⓮ tu...... o

Heute geht Anna zum ersten Mal alleine in Spanien einkaufen. Und das macht sie ganz schön nervös. Denn sie hat Angst, dass ihr an der Fischtheke im entscheidenden Moment der Name des gewünschten Fisches nicht einfällt. Oder dass sie sich nicht gegen die Seniorinnen wehren kann, die sich an der Kasse vordrängeln wollen. Also trinkt sie erst einmal einen Kamillentee zur Beruhigung und stürzt sich dann mutig ins Abenteuer Einkauf ...

¡Ánimo y mucha suerte!

Kopf hoch und viel Glück!

1 // Bevor sie loszieht, setzt sich Anna mit José zusammen, um den Einkaufszettel zu schreiben. José beginnt damit, all die Dinge aufzuzählen, die Anna einkaufen soll. Sie versucht, mitzuschreiben, kommt aber schon bald durcheinander. Kannst du ihr dabei helfen, die 8 Dinge anzukreuzen, die sie tatsächlich auf ihre Einkaufsliste setzen muss? 🔊🎧 Track 13

- ○ manzanas
- ○ naranjas   ○ agua
- ○ cebollas   ○ leche
- ○ patatas   ○ pescado
- ○ vino   ○ té
- ○ café   ○ jamón
- ○ carne   ○ queso
- ○ cerveza
- ○ pan   ○ huevos

2 // Als Erstes muss Anna entscheiden, wo sie einkaufen will. Besonders frische Sachen gibt es auf dem *Markt* mercado, dafür ist die Auswahl im *Supermarkt* supermercado größer. Sie könnte auch direkt in eine *Metzgerei* carnicería, in ein *Fischgeschäft* pescadería oder zu einem *Obst- und Gemüsehändler* frutería gehen. Hilfst du ihr und kreuzt an, wohin sie gehen muss, um die angegebenen Artikel zu besorgen? ◑

❶

carne, fruta,
leche, agua

- **a** ◯ supermercado
- **b** ◯ frutería
- **c** ◯ carnicería
- **d** ◯ pescadería

❷

naranjas, cebollas,
patatas, manzanas

- **a** ◯ pescadería
- **b** ◯ frutería
- **c** ◯ carnicería
- **d** ◯ farmacia

❸

pescado, gambas,
ostras, mejillones

- **a** ◯ pescadería
- **b** ◯ frutería
- **c** ◯ carnicería
- **d** ◯ farmacia

❹

hamburguesas, jamón,
queso, fiambre

- **a** ◯ pescadería
- **b** ◯ frutería
- **c** ◯ carnicería
- **d** ◯ farmacia

Fleisch, Obst, Milch, Wasser // Orangen, Zwiebeln, Kartoffeln, Äpfel // Fisch, Garnelen, Austern, Muscheln // Hamburger, Schinken, Käse, Aufschnitt

1a // 2b // 3a // 4c

3 // José hatte Anna erzählt, dass eine beliebte Freizeitbeschäftigung vieler spanischer Familien der Besuch in einem der vielen riesigen *Einkaufszentren* centros comerciales ist, weshalb sie sich letztlich entscheidet, dort einzukaufen. Sie geht in verschiedene Fachgeschäfte und fragt nach einer Reihe von Produkten. Doch halt, es haben sich Artikel eingeschlichen, die gar nicht dahin gehören. Findest du in jeder Gruppe den Artikel, der nicht passt? ⏱

❶
- **a** ☐ leche
- **b** ☐ agua
- **c** ☐ cerveza
- **d** ☐ huevos
- **e** ☐ vino

❷
- **a** ☐ ternera
- **b** ☐ lomo
- **c** ☐ pollo
- **d** ☐ cordero
- **e** ☐ merluza

❸
- **a** ☐ patatas
- **b** ☐ manzanas
- **c** ☐ cebollas
- **d** ☐ tomates
- **e** ☐ zanahorias

❹
- **a** ☐ salmón
- **b** ☐ sardinas
- **c** ☐ queso
- **d** ☐ atún
- **e** ☐ bacalao

❺
- **a** ☐ naranjas
- **b** ☐ limones
- **c** ☐ peras
- **d** ☐ uvas
- **e** ☐ brócoli

❻
- **a** ☐ chocolate
- **b** ☐ galletas
- **c** ☐ golosinas
- **d** ☐ cacahuetes
- **e** ☐ chicles

(1) Milch, Wasser, Bier, Eier, Wein // (2) Kalbfleisch, Schweinefleisch, Hühnchenfleisch, Lammfleisch, Seehecht // (3) Kartoffeln, Äpfel, Zwiebeln, Tomaten, Möhren // (4) Lachs, Sardinen, Käse, Thunfisch, Kabeljau // (5) Orangen, Zitronen, Birnen, Trauben, Brokkoli // (6) Schokolade, Kekse, Bonbons, Erdnüsse, Kaugummi

1 d // 2 e // 3 b // 4 c // 5 e // 6 d

4 // **Nach den ganzen Einkäufen hat Anna Hunger bekommen. Zum Glück gibt es in dem großen Einkaufszentrum viel Auswahl, und zwar so viel, dass sich Anna gar nicht entscheiden kann. Aber eines weiß sie, sie möchte heute einmal nicht Spanisch essen! Sie hat Lust auf etwas anderes, auf die Küche eines anderen Landes. Hilfst du ihr bei der Entscheidung? Ordne bitte die verschiedenen typischen Gerichte dem jeweiligen Land zu.** ◑

❶	**pizza**	Francia	**ⓐ**
❷	**salchicha**	Estados Unidos	**ⓑ**
❸	**pato de Pekín**	Argentina	**ⓒ**
❹	**sushi**	Italia	**ⓓ**
❺	**albóndiga**	China	**ⓔ**
❻	**hamburguesa**	Alemania	**ⓕ**
❼	**crepe**	Japón	**ⓖ**
❽	**asado**	Suecia	**ⓗ**

(a) Frankreich // (b) Vereinigte Staaten // (c) Argentinien // (d) Italien //
(e) China // (f) Deutschland // (g) Japan // (h) Schweden

(1) Pizza // (2) Würstchen // (3) Peking-Ente // (4) Sushi // (5) Fleischbällchen //
(6) Hamburger // (7) Crêpe // (8) Braten

1 d // 2 f // 3 e // 4 g // 5 h // 6 b // 7 a // 8 c

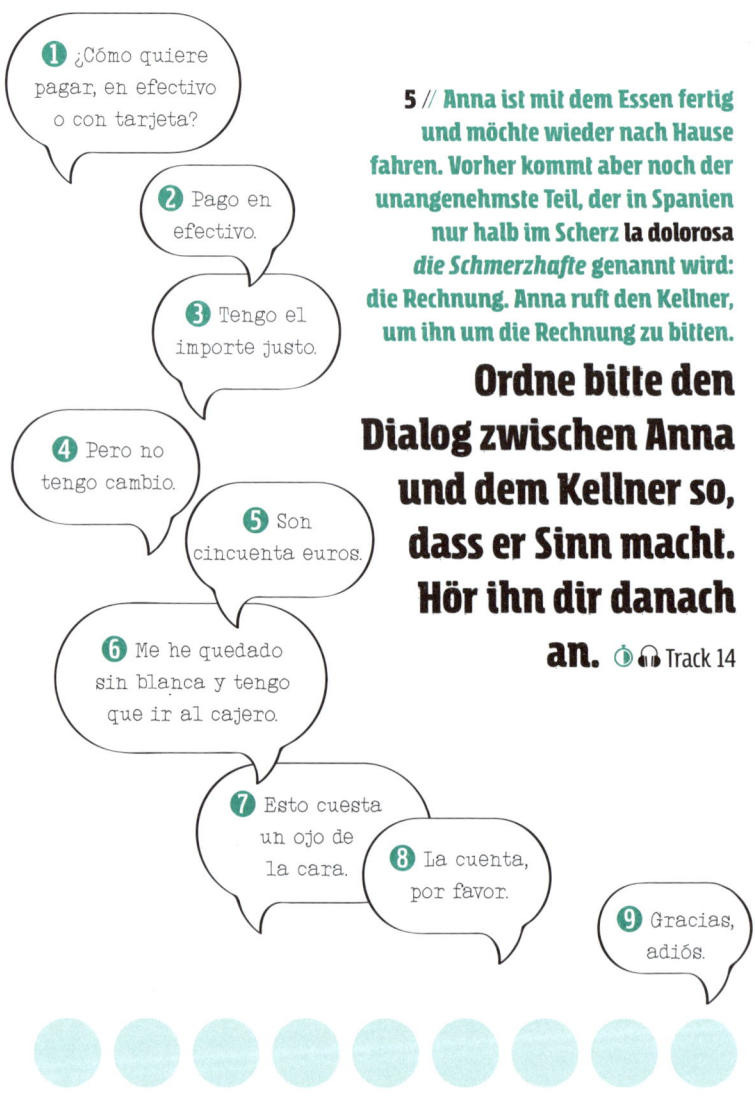

1 ¿Cómo quiere pagar, en efectivo o con tarjeta?

2 Pago en efectivo.

3 Tengo el importe justo.

4 Pero no tengo cambio.

5 Son cincuenta euros.

6 Me he quedado sin blanca y tengo que ir al cajero.

7 Esto cuesta un ojo de la cara.

8 La cuenta, por favor.

9 Gracias, adiós.

5 // Anna ist mit dem Essen fertig und möchte wieder nach Hause fahren. Vorher kommt aber noch der unangenehmste Teil, der in Spanien nur halb im Scherz **la dolorosa** *die Schmerzhafte* genannt wird: die Rechnung. Anna ruft den Kellner, um ihn um die Rechnung zu bitten.

Ordne bitte den Dialog zwischen Anna und dem Kellner so, dass er Sinn macht. Hör ihn dir danach an. ◑ 🎧 Track 14

(8) Die Rechnung bitte. // (5) Das macht fünfzig Euro. // (7) Das ist aber sauteuer. // (1) Wie wollen Sie zahlen, bar oder mit Karte? // (2) Ich zahle bar. // (4) Aber ich habe kein Wechselgeld. // (3) Ich habe es passend. // (9) Danke, auf Wiedersehen. // (6) Ich bin mein ganzes Geld los und muss zum Geldautomaten.

8 // 5 // 7 // 1 // 2 // 4 // 3 // 9 // 6

6 // **Als sie wieder zuhause ist, erzählt Anna José von ihren Erlebnissen. Er hört ihr aufmerksam zu und erzählt ihr, dass es im Spanischen besonders viele Redensarten zu Lebensmitteln gibt, die eigentlich eine ganz andere Bedeutung haben. Als José ihr einige Beispiele nennt, muss Anna lachen, denn die direkten Übersetzungen klingen doch zu komisch. Kannst du ihr dabei helfen, die tatsächlichen Bedeutungen richtig zuzuordnen?** 🔊 🎧 Track 15

❶	Estar hasta en la sopa.	Jemanden zum Teufel schicken.	ⓐ
❷	Ser del año de la pera.	Völlig egal sein.	ⓑ
❸	Estar de mala leche.	Jemanden abweisen.	ⓒ
❹	Importar un pimiento.	Schlechte Laune haben.	ⓓ
❺	Darle calabazas a alguien.	Ständig und überall sein.	ⓔ
❻	Mandar a alguien a freír espárragos.	Sehr alt sein.	ⓕ

Wörtlich: (1) *Sogar in der Suppe sein.* // (2) *Aus dem Jahr der Birne sein.* // (3) *Von schlechter Milch sein.* // (4) *Eine Paprika ausmachen.* // (5) *Jemandem Kürbisse geben.* // (6) *Jemanden zum Spargelbraten schicken.*

1 e // 2 f // 3 d // 4 b // 5 a // 6 c

José und Anna gehen gemeinsam auf eine Party. Natürlich kennt Anna dort niemanden, schließlich ist sie gerade erst angekommen in Spanien. Am Anfang stellt José sie noch allen seinen Freunden vor, doch bald schon schafft sie das auch alleine und genießt es, als **la alemana**, die Deutsche, ein wenig im Mittelpunkt zu stehen!

¡Encantado de conocerte!

Freut mich, dich kennenzulernen!

1 // **Anna wird auf der Party sofort von einer Menschentraube umringt, und alle reden durcheinander und stellen ihr Fragen, die sie zu verstehen versucht. Allerdings sind auch ein paar Spaßvögel dabei, die ihr unsinnige Fragen zurufen.**

Welche Fragen passen hier nicht? ◑ 🎧 Track 16

❶ ¿Cómo te llamas?

❷ ¿De dónde eres?

❸ *¿ TE GUSTA FRANCIA?*

❹ *¿De qué trabajas?*

❺ *¿Cómo se llama mi madre?*

❻ **¿Te gusta España?**

❼ ¿Cuánto tiempo llevas aquí?

Falsch: 3 // 5 **Richtig:** 1 // 2 // 4 // 6 // 7

(1) *Wie heißt du //* (2) *Woher kommst du?* // (3) *Gefällt dir Frankreich?* // (4) *Was arbeitest du?* // (5) *Wie heißt meine Mutter?* // (6) *Gefällt dir Spanien?* // (7) *Wie lange bist du schon hier?*

2 // Um sich nicht so oft wiederholen zu müssen, stellt sich Anna kurz den anderen Partygästen vor. Natürlich versucht sie das auf Spanisch zu tun, und es gelingt ihr auch – beinahe …

Hilfst du ihr dabei, die Teilsätze richtig zu kombinieren?
Hör dir dann die Lösung an. ◐🎧 Track 17

❶	Hola, me llamo	25 años.	ⓐ
❷	Soy de Berlín, vengo de	la semana pasada.	ⓑ
❸	Tengo	Anna.	ⓒ
❹	Soy	me gusta mucho.	ⓓ
❺	Llegué	diseñadora gráfica.	ⓔ
❻	Y sí, España	Alemania.	ⓕ

3 // Josés bester Freund Raúl versucht, sich mit Anna zu unterhalten. Sie gibt ihr Bestes, droht aber am vielleicht schwierigsten Problem der spanischen Sprache fast zu verzweifeln. Greifst du ihr ein wenig unter die Arme und hilfst ihr dabei, die Lösungen aus den Kreisen (Formen der Verben ser oder estar) richtig in die Lücken einzufügen? ⏱

¡Hola, Anna! ¿Cómo (1)..................?

soy

¡Hola, Raúl! (2)................. bien, gracias.

estás

eres

Tú (3)................. la novia de José, ¿verdad?

Sí, nos conocimos en un chat, y ahora (4)................. novios.

somos

estás

¿(5)................. contenta de estar aquí con él?

estoy

Sí, ahora (6)................. la persona más feliz del mundo.

Estar wird für Ortsangaben und die Beschreibung von Zuständen oder Gefühlen verwendet. **Ser** gibt Berufe, Nationalitäten, Farben, Materialien und Charakterzüge an, außerdem dauerhafte Eigenschaften von Personen und Gegenständen (» Anhang S. 107).

ihm zu sein? // A: Ja, ich bin jetzt der glücklichste Mensch der Welt.
Chat kennengelernt, und jetzt sind wir ein Paar. // R: Bist du glücklich, hier bei
(3) R: Du bist Josés Freundin, richtig? // (4) A: Ja, wir haben uns in einem
(1) R: Hallo, Anna! Wie geht es dir? // (2) A: Hallo, Raúl! Mir geht es gut, danke. //

(1) estás // (2) Estoy // (3) eres // (4) somos // (5) Estás // (6) soy

4 // José hat endlich alle seine Freunde begrüßt und kehrt zu Anna zurück. Um ihr peinliche Situationen zu ersparen, warnt er sie vor einigen **falsos amigos,** also *falschen Freunden*. Das sind spanische Worte und Begriffe, die dem Deutschen sehr ähnlich sind, aber eine komplett andere Bedeutung haben. Kannst du diesen spanischen Begriffen ihre tatsächliche deutsche Bedeutung zuordnen? Verbinde die Paare. ◑

bravo schlecht

prima **neugierig**

COMPLEMENTO *WILD*

curioso Fitnessstudio

gimnasio Geschenk

mantel *Cousine*

regalo **Ergänzung**

mal Tischdecke

5 // **Endlich können sich Anna und José in einer ruhigen Ecke zusammensetzen, nachdem sie den ganzen Abend lang noch kein Wort miteinander gewechselt hatten. Gerade möchte Anna ihren Freund nach ein paar sehr merkwürdigen Ausdrücken fragen, die sie gehört hat, da springt er schon wieder auf, er ist eben ein culo inquieto, *ein unruhiger Geist*. Kannst du Anna vielleicht die Bedeutung dieser Ausdrücke erklären?** 🔊 🎧 Track 18

❶	Aquí hay gato encerrado.	Sich den Mund fusselig reden.	❶
❷	Quedarse de piedra.	Jemanden aufziehen.	❷
❸	No tener pelos en la lengua.	Die Schnauze voll haben.	❸
❹	Hablar por los codos.	Über etwas verblüfft sein.	❹
❺	Estar hasta las narices.	Etwas ist hier im Gange.	❺
❻	Tomar el pelo.	Kein Blatt vor den Mund nehmen.	❻

Wörtlich: (1) *Hier gibt es eine eingesperrte Katze* // (2) *Zu Stein werden.* // (3) *Keine Haare auf der Zunge haben.* // (4) *Mit den Ellbogen sprechen.* // (5) *Bis zu den Nasen sein.* // (6) *Das Haar nehmen.*

1 e // 2 d // 3 f // 4 a // 5 c // 6 b

6 // **Es ist spät geworden, und das Paar will nach Hause gehen. Zuvor heißt es sich verabschieden, und Anna merkt schnell, dass in Spanien zwischen der Ankündigung "¡Nos vamos!" bis zur tatsächlichen Abfahrt viiiiel Zeit vergehen kann … Einige der folgenden Begrüßungs- und Abschiedsformeln sind sehr formell, andere dagegen umgangssprachlich.** Ordne bitte die Sätze und schreibe die dazugehörige Zahl auf die passende Seite der Zeichnung. ◐

❶ Adiós, muy buenas noches.

❷ Encantado de conocerte.

❸ *¿QUÉ PASA, TÍA?*

❹ *¡Cuídate!*

❺ *¡Hasta pronto!*

❻ **¡Qué gusto de verte!**

❼ **¡Nos vemos!**

❽ ¡Buenos días!

(1) Auf Wiedersehen, gute Nacht! // (2) Sehr erfreut, dich kennenzulernen. // (3) Was geht, Alter? // (4) Pass auf dich auf! // (5) Bis bald! // (6) Sehr angenehm, dich zu sehen! // (7) Wir sehen uns! // (8) Guten Tag!

Formell: 1 // 2 // 6 // 8 **Informell:** 3 // 4 // 5 // 7

Anna fühlt sich immer wohler in ihrer Wahlheimat, und auch ihr Spanisch wird immer besser. Mittlerweile traut sie sich sogar schon ins Kino und auf Konzerte. **¡Claro que sí!** *Na klar!* In Kombination mit Film oder Musik macht die spanische Sprache gleich noch mehr Spaß!

Adiós, casa, ¡hola, diversión!

Raus aus dem Haus, rein ins Vergnügen!

1 // **Anna geht heute zum ersten Mal mit José ins Kino. Dabei merkt sie, wie viele neue Vokabeln doch mit einer so alltäglichen Sache verbunden sind. Erkennst du in dem Buchstabensalat alle Begriffe, die man bei einem Kinobesuch in Spanien kennen sollte? Hör dir zur Kontrolle die Wörter an.** ⏱🎧Track 19

ULAPECLÍ ....

UQLLATIA ....

DNAATRE ....

ASOLTIMPA ....

TAUBAC ....

LLANATPA ....

palomitas Popcorn // butaca Kinositz // pantalla Leinwand //
película Film // taquilla Kinokasse // entrada Eintrittskarte //

2 // José merkt, dass Anna ein echter Kinofan ist, und will sie auf die Probe stellen. Er nennt ihr einige bekannte Filmzitate – auf Spanisch, na logo! –, und sie soll ihm die deutsche Version nennen. Hilfst du ihr dabei? ⏺

①	Que la fuerza te acompañe.	Hasta la vista, Baby.	**ⓐ**
②	Teléfono... mi casa...	Ich sehe tote Menschen.	**ⓑ**
③	Francamente, querida, eso no me importa.	Ich bin der König der Welt!	**ⓒ**
④	Sayonara, baby.	Nach Hause telefonieren ...	**ⓓ**
⑤	Solo puede quedar uno.	Ich seh' dir in die Augen, Kleines.	**ⓔ**
⑥	Esto va por ti, muñeca.	Es kann nur einen geben.	**ⓕ**
⑦	¡Soy el rey del mundo!	Möge die Macht mit dir sein.	**ⓖ**
⑧	En ocasiones veo muertos.	Ehrlich gesagt, meine Liebe, es ist mir egal.	**ⓗ**

1 g (aus: „Star Wars") // 2 d (aus: „E.T. – Der Außerirdische") // 3 h (aus: „Vom Winde verweht") // 4 a (aus: „Terminator 2 – Tag der Abrechnung") // 5 f (aus: „Highlander – Es kann nur einen geben") // 6 e (aus: „Casablanca") // 7 c (aus: „Titanic"), 8 b (aus: „The Sixth Sense")

3 // **Heute will Anna mal mit ihrer spanischen Freundin Laura ins Kino gehen. Sie verabreden sich per WhatsApp, aber es ist gar nicht so leicht, auf einen gemeinsamen Nenner zu kommen. Wo, wann und vor allem welcher Film? Fragen über Fragen ... Lies ihren Chat und finde heraus, welche der Wörter unten wo fehlen.** ⏱

también	malas	mejor	idea	ganas	ver

Hola, guapa, tengo (1) .... de ir al cine, ¿y tú?

¡Qué buena (2) .... ! 👍 ¿Qué quieres

(3) .... ? ¿Te apetece la de **50 sombras de**...?

Oh, no, que tiene muy (4) .... críticas. 😔

Vale. ¿Qué tal una comedia ? Tengo ganas de reír.

¡Yo (5) .... ! 😂
¿Nos vemos a las siete en el Cine ABC?

(6) .... a las ocho, antes no puedo.

Perfecto. Nos vemos luego.

Sí, hasta luego. 😗

Hallo, Süße, ich habe Lust, ins Kino zu gehen, und du? // Was für eine gute Idee! Was willst du sehen? Hast du Lust auf „50 Shades of ...“? // Ach, nein, der hat ganz schlechte Kritiken. // Ok, wie wäre es mit einer Komödie? Ich habe Lust zu lachen. // Ich auch! Treffen wir uns einfach sun im am ABC-Kino? // Besser um 20 Uhr, früher kann ich nicht. // Perfekt. Wir sehen uns später. // Ja, bis später.

(1) ganas // (2) idea // (3) ver // (4) malas // (5) también // (6) mejor

4 // **Anna begeistert sich auch immer mehr für spanische Musik. Ein paar Lieder kennt sie ja auch schon aus dem deutschen Radio, aber jetzt versteht sie endlich auch, worum es darin geht – nicht immer nur um amor und fiesta!**

Hilfst du ihr, die spanischen Songs mit den richtigen Wörtern zu vervollständigen? ◑

❶ Para bailar la bamba, para bailar la bamba, se necesita una poca de ....

ⓐ ◯ gracia **ⓑ** ◯ magia **ⓒ** ◯ farmacia

❷ Yo quiero que este sea el mundo que conteste, del este hasta oeste, y .... el mismo sol.

ⓐ ◯ bajo **ⓑ** ◯ hacia **ⓒ** ◯ hasta

❸ Bailando, bailando, amigos, adiós, adiós, el silencio ....

ⓐ ◯ corto **ⓑ** ◯ loco **ⓒ** ◯ largo

❹ Entre dos tierras estás y no .... aire que respirar...

ⓐ ◯ me das **ⓑ** ◯ quieres **ⓒ** ◯ dejas

keine Luft zum Atmen ...

Wiedersehen, die verrückte Stille. // Zwischen zwei Welten steckst du und lässt unter derselben Sonne. // Tanzend, tanzend, Freunde, auf Wiedersehen, auf Anmut. // Ich möchte, dass das die Welt ist, die antwortet, von Ost bis West, und Um La Bamba zu tanzen, um La Bamba zu tanzen, benötigt man ein wenig

1 a // 2 a // 3 b // 4 c

5 // Das Pärchen ist auf dem Weg zu einem Konzert, und José erzählt Anna von seinem Musikgeschmack. Der kommt ihr aber ziemlich spanisch vor ... Kein Wunder, denn wie viele Spanier spricht José manche englischen Eigennamen spanisch aus und es fällt Anna schwer, zu verstehen, wer oder was gemeint ist.
Versuch mal, ob du heraushörst, wann er die folgenden Abkürzungen – vier Bandnamen und vier Tonträger – erwähnt! ⏺ 🎧 Track 20

AC/DC   LP   DVD   U2   CD   R.E.M.   UB40   MP3

Me encanta (1)................................. Tengo su primer

(2)................................ firmado por la banda y todos sus

álbumes. También me gustaban los (3)............................,

pero solo tengo un (4)............................ de sus mejores

canciones. Luego tuve una vez una fase de escuchar

mucho a (5)................................. No pude verlos en directo,

pero me compré un (6)............................ de un concierto

en Madrid. Ah sí, y hace poco he redescubierto

(7)................................ De momento, solo los escucho

en (8)..............................., pero si también te gustan,

podríamos ir a un concierto cuando vuelvan a España.

6 // **Anna ist ziemlich musikbegeistert und will sich bei einer Musik-
schule anmelden. Sie muss sich nur noch entscheiden, welches
Instrument sie lernen möchte. "Castañuelas" – „Kastagnetten"
schlägt ihr José lachend vor, aber ganz so spanisch fühlt sich Anna
noch nicht. Sie listet ihre Lieblingsinstrumente auf, kommt aber mit
den Übersetzungen durcheinander. Ordne sie richtig zu.** ⏱

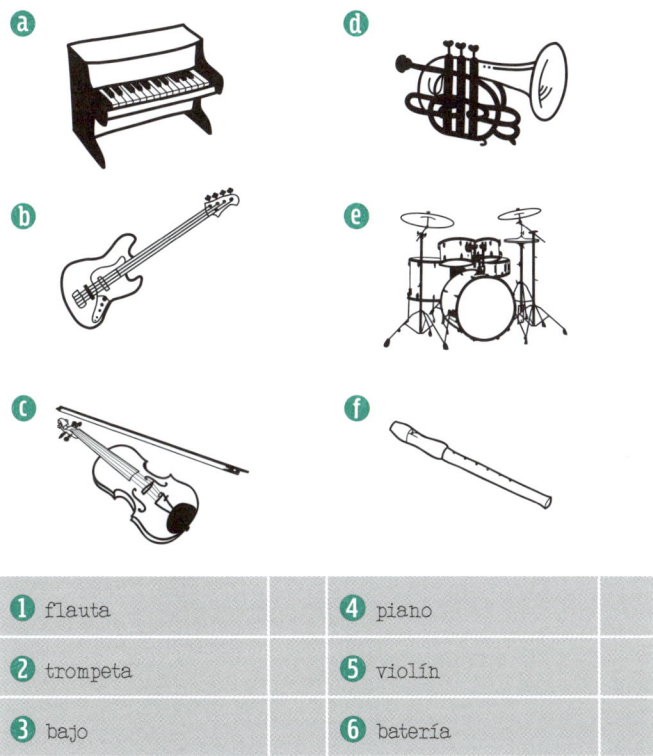

1 flauta		**4** piano	
2 trompeta		**5** violín	
3 bajo		**6** batería	

> ❗ Auf Spanisch heißt „ein Instrument spielen" übrigens
> nicht **jugar un instrumento,** sondern **tocar un instrumento**.
> Das Verb **tocar** bedeutet ansonsten *berühren, anfassen*.

1 f // 2 d // 3 b // 4 a // 5 c // 6 e

Anna jobbt zwar gerne im Café, aber langfristig will sie doch lieber in ihrem Bereich – Grafik- und Webdesign – arbeiten. Also macht sie sich schlau, wie man in Spanien auf Jobsuche geht. Gar nicht so einfach, denn da gibt es vor allem die Sprachhürde zu überwinden. Schau selbst …

¡Manos a la obra!

Dann mal ran an die Arbeit!

1 // Die Jobsuche in Spanien ist eigentlich ganz ähnlich wie in Deutschland, aber Anna fehlt noch das passende Vokabular. Kennst du dich auf dem Arbeitsmarkt aus? Finde die folgenden 10 wichtigen Begriffe – natürlich auf Spanisch – im Buchstabengitter. ↻

Vorstellungs-gespräch	Vertrag	Studium	Arbeits-zeit	Job/Stelle
Annoncen	Lebenslauf	Erfahrung	Bildung	Lohn

A	J	L	T	R	O	A	M	E	C	V	E	Z
E	N	T	R	E	V	I	S	T	A	R	X	J
M	U	J	Z	W	C	U	X	Q	M	J	P	A
C	E	O	T	J	S	S	I	O	C	V	E	T
U	X	R	A	N	U	N	C	I	O	S	R	S
R	C	N	I	Ñ	E	L	Y	P	N	D	I	L
R	L	A	V	A	L	F	A	E	T	R	E	C
Í	R	D	J	F	D	X	J	T	R	Ñ	N	O
C	M	A	P	R	O	Z	Q	U	A	E	C	A
U	T	E	M	P	L	E	O	P	T	T	I	U
L	C	S	E	Y	C	P	I	W	O	M	A	X
U	J	O	Q	F	O	R	M	A	C	I	Ó	N
M	L	A	T	S	I	J	A	V	J	C	R	L
U	Z	O	M	X	E	S	T	U	D	I	O	S

2 // Anna geht erst mal ganz klassisch vor und schreibt einen kurzen Lebenslauf –
natürlich gleich auf Spanisch! **Sie ist ganz stolz auf ihr Werk und wird von José dafür gelobt.**

Er korrigiert nur 6 kleine Flüchtigkeitsfehler, und fertig ist der CV, wie Spanier den Lebenslauf kurz nennen. Erkennst du die Fehler auch? ↻

Currículo	
Nombre y apellido:	Anna Müller
Fecha y lugar de nacimientos:	23/05/1994, Berlín (Alemaña)
Estudios:	máster en diseños gráfico
Formación:	• curso de diseño de páginas web • cursos de español
Idioma:	alemán (lengua materna), ingles (B2), español (A2)
Informática:	Windows Office, Illustrator, Corel Draw, Photoshop, HTML
Experiencia:	• camarero en la cafetería Moliner • diseño de la pagina web de Langenscheidt

3 // In Zeitungen und im Internet hat Anna einige Annoncen gefunden, die auf den ersten Blick interessant aussehen. Dann befasst sie sich näher damit und merkt, dass eigentlich nur 2 Stellenangebote zu ihrem Profil passen.

Weißt du, welche? Kreuze sie an. ⏱

○ 1. Empresa joven busca diseñador(a) de moda infantil.

○ 2. Academia ofrece una plaza de prácticas en diseño de páginas web para un(a) estudiante.

○ 3. Multinacional busca dos diseñadores/-as con o sin experiencia.

○ 4. Puesto vacante de diseñadora gráfica. Imprescindible: buenos conocimientos de portugués

○ 5. Compañía alemana solicita diseñador(a) autónomo/-a para el diseño de su página web.

○ 6. Agencia de publicidad busca diseñador(a) gráfico/-a para su sede en Valencia.

¿Diga?

Hola, Sr. Diga.

Ja, ja, ja, no, me llamo Juan. Eres Anna, la chica alemana, ¿verdad?

Sí, perdón. Estoy un poco nerviosa.

4 // Puh, Arbeit suchen ist auch Arbeit! Anna hat schon auf viele Annoncen geantwortet, aber bisher leider ohne Erfolg. Ihre Freundin Laura meint, Anna soll doch mal bei ihrem Onkel Juan anrufen, der eine Werbeagentur hat. **Dicho y hecho –** *gesagt, getan!* Lies und hör, wie es Anna bei ihrem Telefonat ergangen ist. 🎧 Track 21

Es normal, pero no hay motivo. Laura me ha hablado muy bien de ti. ¿Puedes venir a la empresa, y así nos conocemos?

❶ **Warum lacht Juan nach Annas erstem Satz?**

ⓐ *Wegen eines Missverständnisses.*

ⓑ *Er lacht über ihre Aussprache.*

ⓒ *Er lacht gar nicht, sondern sagt dreimal „ja" auf Deutsch.*

Sí, claro.

Muy bien. Pásate esta tarde a las cinco.

❷ **Warum meint Juan, Anna müsse nicht nervös sein?**

ⓐ *Weil er ihr den Job auch so gibt.*

ⓑ *Weil Laura nur Gutes über Anna berichtet hat.*

ⓒ *Weil er nervöse Menschen hasst.*

Gracias, a las cinco estaré en la empresa.

(J:) Sagen Sie? // (A:) Hallo, Hr. Sagen-Sie. // (J:) Ha, ha, ha, nein, ich heiße Juan. Du bist Anna, das deutsche Mädchen, richtig? // (A:) Ja, Entschuldigung, ich bin etwas nervös. // (J:) Das ist normal, aber es gibt keinen Grund. Laura hat mir nur Gutes von dir erzählt. Kannst du in die Firma kommen, damit wir uns kennenlernen? // (A:) Ja, klar. // (J:) Sehr schön. Komm doch heute Nachmittag um 17 Uhr vorbei. // (A:) Danke, um 17 Uhr werde ich in der Firma sein.

5 // **Nachmittags fährt Anna zum Vorstellungsgespräch in die Werbe-agentur von Lauras Onkel. Juan ist noch netter als am Telefon, aber Anna ist noch ein bisschen nervöser und verhaspelt sich ganz oft. Kannst du ihr helfen, die Satzbestandteile richtig zu ordnen? Hör dir danach ihre Aussagen an.** ◔ 🎧 Track 22

❶ Diseño gráfico / en Berlín / he estudiado / en diseño de página web / y / tengo un máster.

....

....

❷ Durante un año / autónoma / fui / y / páginas web / he hecho / para algunas empresas.

....

....

❸ Y / busco un empleo estable / hace unos meses / me he mudado / a España.

....

....

❹ Trabajar / me encantaría / en la agencia, / y / empezar / puedo / ya.

....

....

6 // **Jujú,** *juhu* – Anna hat die Stelle in der Werbeagentur bekommen! Sie ist überglücklich und muss nur noch den **contrato** *Vertrag* unterschreiben. Vorher geht sie ihn aber kurz mit José durch, da ihr bei einigen Begriffen nicht ganz klar ist, was sie bedeuten. **Weißt du es?** ⏱

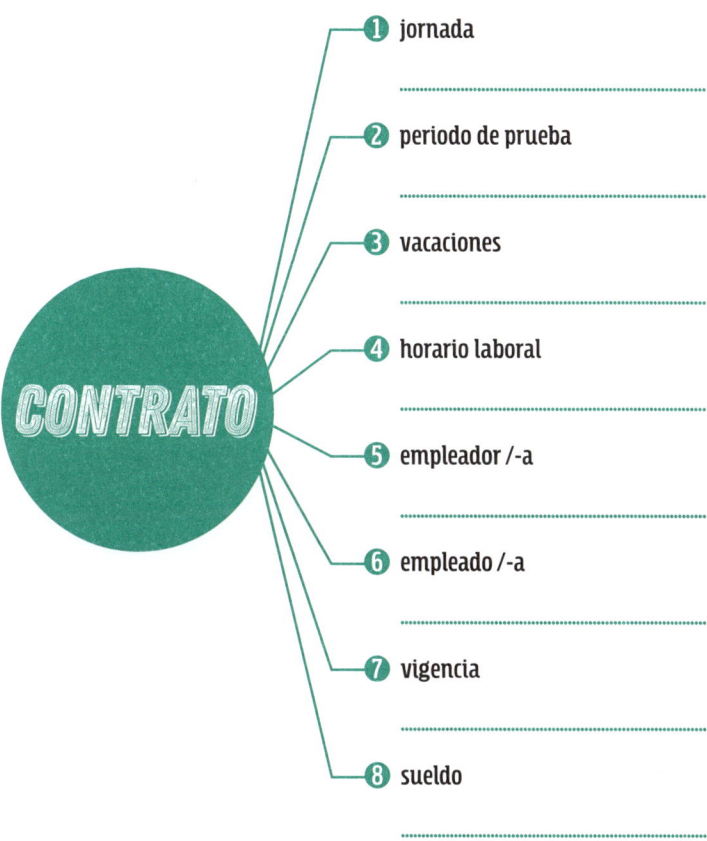

CONTRATO

1 jornada

....

2 periodo de prueba

....

3 vacaciones

....

4 horario laboral

....

5 empleador /-a

....

6 empleado /-a

....

7 vigencia

....

8 sueldo

....

(1) Arbeitstag // (2) Probezeit // (3) Urlaub // (4) Arbeitszeit // (5) Arbeitgeber(in) // (6) Arbeitnehmer(in) // (7) Dauer / Laufzeit // (8) Gehalt

Der Tag ist gekommen – José möchte heute bei einem großen Essen Anna seiner Familie vorstellen. Und er hat eine große Familie! Anna hat bereits bemerkt, dass José mit seiner Familie **uña y carne** ist, also dass sie wie Pech und Schwefel zusammenhalten. Sie möchte natürlich einen guten Eindruck machen und versucht, sich besonders gut vorzubereiten!

¡La familia es lo primero!

Die Familie steht an erster Stelle!

1 // José hat Anna eine Liste mit allen Familienmitgliedern gegeben, die heute beim Essen dabei sein werden. Sie versucht, die Namen auswendig zu lernen, sich vor allem aber zu merken, in welchem Verwandtschaftsverhältnis die einzelnen Familienmitglieder zu José stehen. Hilfst du ihr dabei? ◔

José es hijo de Pedro. Pedro es su

(1)... .

Vicente es el hermano de Pedro. Vicente es el

(2)... de José.

Vicente tiene una hija, Amparo. Amparo es la

(3)... de José.

La madre de José se llama Rosa. Tiene también dos

hijas, las (4)... de José.

La madre de Rosa es la (5)...

de José y se llama Paquita.

Y José y sus dos hermanas son los

(6)... de Paquita.

2 // Natürlich trifft sich die Familie, um gemeinsam zu essen und zu trinken. Bekanntermaßen hat Spanien eine reichhaltige und vielfältige Küche zu bieten. Allerdings sind viele Gerichte und Getränke zwar im ganzen Land erhältlich, aber doch ganz besonders typisch für eine bestimmte Region.

Kennst du die Regionen, aus denen die folgenden Gerichte und Getränke stammen? (Valencia ist 2 x vertreten) ◑

❶ Paella	**ANDALUSIEN** ⓐ
❷ Fabada	**VALENCIA** ⓑ
❸ Cocido	**KATALONIEN** ⓒ
❹ Pulpo	**ASTURIEN** ⓓ
❺ Vino	**LA RIOJA** ⓔ
❻ Cava	**MADRID** ⓕ
❼ Horchata	**GALICIEN** ⓖ
❽ Jerez	

(1) Reispfanne // (2) Eintopf mit weißen Bohnen // (3) Eintopf // (4) Oktopus // (5) Wein // (6) Cava (geschützte Herkunftsbezeichnung für spanischen Schaumwein) // (7) Erdmandelmilch // (8) Sherry

1 b // 2 d // 3 f // 4 g // 5 e // 6 c // 7 b // 8 a

3 // **Auf dem Weg zur Familie halten Anna und José noch beim Bäcker an, die Bäckerin begrüßt Anna mit einem freundlichen "Hola, cariño", Anna ist ganz erstaunt, aber Jose erklärt ihr, dass dies in Spanien durchaus nicht unüblich ist.**

Später erzählt José ihr noch weitere typische Situationen, die Anna ziemlich überraschen, allerdings sind nicht alle davon wahr. Welche Situationen stimmen, und welche nicht? ●

richtig falsch

❶ ◯ ◯ Anna und José gehen mit Freunden essen. Als die Rechnung kommt, wird der Gesamtbetrag durch die Anzahl der Tischgäste geteilt, ohne darauf zu achten, was jeder Einzelne gegessen und getrunken hat.

❷ ◯ ◯ Sie sind mit dem Auto unterwegs und werden von der Polizei angehalten. José fährt das Fenster herunter und sagt zur Polizeibeamtin: "Hola, guapa".

❸ ◯ ◯ *Sie bezahlen an der Supermarktkasse zwei Flaschen Cava, die zusammen 9,96 € kosten. Sie bezahlen mit einem 10-Euro-Schein, die Kassiererin gibt ihnen 5 Cent zurück.*

❹ ◯ ◯ *José erzählt ihr, dass sich an der Universität generell alle duzen: Die Professoren duzen die Studenten, aber auch umgekehrt.*

❺ ◯ ◯ Anna möchte am Sonntag gerne abends etwas trinken und tanzen gehen. José erklärt ihr, dass in Spanien sonntags abends alle Kneipen und Diskotheken geschlossen sind.

Richtig: 1 // 3 // 4   Falsch: 2 // 5

4 // José hatte Anna gesagt, dass seiner Familie *Komplimente cumplidos* sehr wichtig sind; man lobt sich gegenseitig, das Aussehen, das Essen und noch vieles mehr. Anna möchte natürlich gut ankommen und macht jedem Familienmitglied nach der Begrüßung ein Kompliment. **Welche Komplimente passen hier? Vorsicht, zwei Ausdrücke sind keine Komplimente und könnten missverstanden werden. Hör Anna zu.** 🔊 🎧 Track 23

❶ Estás guapo hoy.

❻ **Estoy loca por ti.**　　　❺ *Eres un tipo agradable.*

CUMPLIDOS

❼ ¡Qué amable eres!

❷ *Me caes muy bien.*

❸ **¡QUÉ BUENA ESTÁ LA COMIDA!**

❹ *¡Cuánto comes y bebes!*

5 // Die Familie von José hat Anna gleich ins Herz geschlossen, und das beruht auf Gegenseitigkeit. Denn Anna hat natürlich gleich entdeckt, dass in dem großen Haus unzählige Haustiere leben. Allerdings haben sich zwei Tiere ins Haus geschlichen, die eigentlich niemand gerne als Haustier hat.

Streiche diese beiden Tiere durch. ◑

perro

hámster

cucaracha

canario

tortuga

ARAÑA

caballo

conejillo de Indias

GATO

conejo

6 // **Es wird Nachmittag, nach dem Essen sitzt die Familie noch zusammen und versucht, Anna Leben und Sprache in Spanien zu erklären. Und bald sind sie bei deftigen, sehr bildhaften Ausdrücken angekommen, die Anna erst verwundern, dann aber immer besser gefallen. Sie versucht sofort, einige der Ausdrücke anzuwenden, dabei kommt aber die Reihenfolge durcheinander. Hilfst du ihr dabei, sie zu ordnen? Hör sie dir zur Kontrolle an.** ◐ 🎧 Track 24

❶ cagando / voy / me / leches

❷ dos / frente / no / tiene / dedos / de

❸ un / verde / viejo / él / es

❹ como / ella / está / cabra / una

❺ un / montar / a / pollo / vamos

❻ abierto / la / he / truenos / de / caja / los

---

jetzt echt Theater. // (6) Ich habe in ein Wespennest gestochen.
(3) Er ist ein alter Lustmolch. // (4) Sie ist total durchgeknallt. // (5) Wir machen
(1) Ich habe es sehr eilig. // (2) Er/Sie ist nicht der Hellste. //

(1) Me voy cagando leches. // (2) No tiene dos dedos de frente. //
(3) Él es un viejo verde. // (4) Ella está como una cabra. // (5) Vamos a montar
un pollo. // (6) He abierto la caja de los truenos.

Anna und José haben inzwischen festgestellt, dass sie die Liebe zum Sport verbindet, und schon bald verbringen sie viel Zeit dabei miteinander. Ein weiteres gemeinsames Hobby ist Reisen. Allerdings scheint es hier nicht so, als ob sie sich über das Reiseziel so schnell einig werden würden ...

10

¡Quien ha visto mundo, tiene algo que contar!

Wenn einer eine Reise tut,
so kann er was erzählen!

1 // Anna und José sind sehr sportbegeistert und betreiben verschiedene Sportarten, die hier aufgezählt werden. Welche zwei Begriffe passen nicht dazu?

Streiche sie durch. ⏱

baloncesto

tenis

merienda

EQUITACIÓN

fútbol

ciclismo

natación

SIESTA

2 // **Anna ist begeistert davon, dass José auch so sportlich ist. Bei den meisten Sportarten schließt sie sich ihm einfach an und spielt mit. Da beim Sport voller Körpereinsatz gefragt ist, kann man sich dabei auch mal verletzen.**

Hilf Anna, die Körperteile zu benennen. ◑

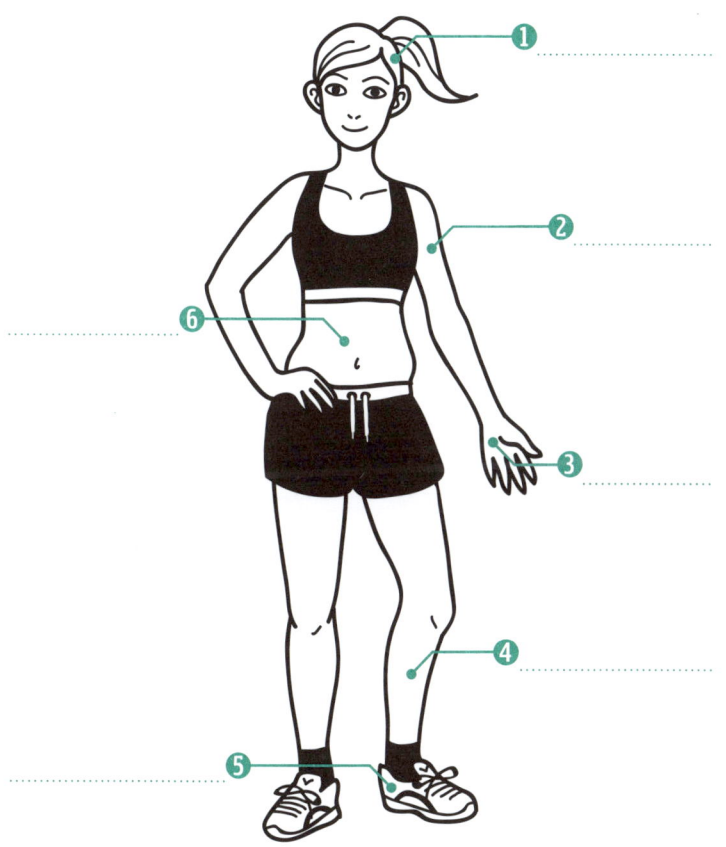

(1) cabeza *Kopf* // (2) brazo *Arm* // (3) mano *Hand* // (4) pierna *Bein* // (5) pie *Fuß* // (6) tripa *Bauch*

3 // Beim Sport ist Fairplay sehr wichtig. Und dazu gehört auch, sich zu entschuldigen, wenn man einen Fehler begangen oder einen Mitspieler behindert oder gar verletzt hat. Anna hat deswegen die wichtigsten Höflichkeitsformeln gelernt, um sie auf dem Spielfeld gleich anwenden zu können. Ordne die jeweils richtige Übersetzung zu. 🔊

①	Entschuldige!	Lo siento de veras.	**ⓐ**
②	Es war keine Absicht.	¡Disculpa!	**ⓑ**
③	Das war nicht meine Schuld.	Reconozco que he sido yo.	**ⓒ**
④	Es tut mir wirklich leid.	Ha sido sin querer.	**ⓓ**
⑤	Ich kann es dir erklären.	¡Perdóname!	**ⓔ**
⑥	Verzeihung!	No ha sido culpa mía.	**ⓕ**
⑦	Ich gebe zu, dass ich es war.	No era a propósito.	**ⓖ**
⑧	Ich wollte das nicht.	Te lo puedo explicar.	**ⓗ**

4 // Anna und José planen eine Reise für den nächsten Sommer, und José schreibt Anna eine Aufstellung, wohin er reisen möchte. Sie merkt erst gar nicht, dass José gerne nach Deutschland reisen würde, um das Land seiner Freundin besser kennenzulernen. Er benutzt nämlich die spanischen Namen deutscher Städte.

Kannst du diese ihren deutschen Pendants zuordnen? ◑

| Aachen | Göttingen | Trier | Köln | Speyer |
| München | Regensburg | Mainz |

Hola, cariño:

Primero quiero viajar a **Múnich** ....

en el sur. Después me gustaría visitar algunas

ciudades históricas como

Ratisbona ...., **Tréveris** ....

y **Espira** .... Pasaremos por

Maguncia ...., y después quiero

ver la catedral de **Colonia** .... Nos

falta **Aquisgrán** .... y, para terminar,

Gotinga ....

5 // **Anna hält nicht viel von einer Reise nach Deutschland, sie würde viel lieber mehr von Spanien kennenlernen. Sie hat eine Liste mit spanischen *Sehenswürdigkeiten* monumentos, die sie unbedingt sehen möchte. Was weißt du über diese touristischen Attraktionen?** ◐

1 ¿En qué ciudad andaluza se encuentra la Alhambra?

a ☐ Sevilla   **b** ☐ Córdoba

c ☐ Granada

2 ¿Quien fue el arquitecto de la Sagrada Familia en Barcelona?

a ☐ Antoni Gaudi   **b** ☐ Pablo Picasso

c ☐ Juan Carlos I.

3 ¿Que conocida construcción se encuentra en Segovia?

a ☐ un castillo   **b** ☐ un acueducto

c ☐ una plaza de toros

4 ¿En qué región española se encuentra el museo Guggenheim de Bilbao?

a ☐ en Galicia   **b** ☐ en el País Vasco

c ☐ en Cataluña

(1) In welcher andalusischen Stadt befindet sich die Alhambra? // (2) Wer war der Architekt der Sagrada Familia in Barcelona? // (3) Welches berühmte Gebäude steht in Segovia? (eine Burg / ein Aquädukt / eine Stierkampfarena) // (4) In welcher spanischen Region befindet sich das Museo Guggenheim Bilbao? (in Galicien / im Baskenland / in Katalonien)

1 c // 2 a // 3 b // 4 b

6 // **Anna und José diskutieren über ihr Reiseziel, sie sind sich noch nicht einig. Immerhin hat Anna festgestellt, dass hinsichtlich der geplanten Reise fast alles mit einem einzigen Verb ausgedrückt werden kann, was es für sie einfacher macht. Hör gut zu und setz dann die richtige Form des Verbs _ir_ in die Lücken ein.** Track 25

> Das Verb **ir** in Verbindung mit der Präposition **a** wird universell eingesetzt, wenn es um Fortbewegung geht (gehen, laufen, fahren, fliegen usw.). In Verbindung mit der Präposition **en** gibt **ir** die Art der Fortbewegung bzw. das Verkehrsmittel an.

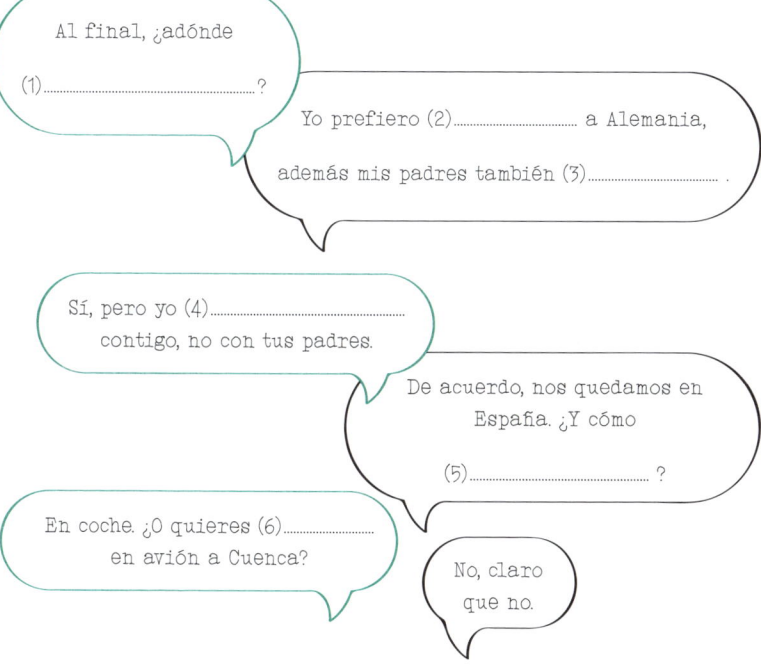

Al final, ¿adónde (1)...................................?

Yo prefiero (2)................... a Alemania, además mis padres también (3).................. .

Sí, pero yo (4)................... contigo, no con tus padres.

De acuerdo, nos quedamos en España. ¿Y cómo (5)...................?

En coche. ¿O quieres (6)................... en avión a Cuenca?

No, claro que no.

A: Wohin fahren wir letztlich? // J: Ich würde Deutschland vorziehen, zumal meine Eltern auch dahin fahren. // A: Ja, aber ich reise mit dir, nicht mit deinen Eltern. // J: Also gut, wir bleiben in Spanien. Und wie reisen wir? // A: Mit dem Auto. Oder willst du mit dem Flugzeug nach Cuenca fliegen? // J: Nein, natürlich nicht.

(1) vamos // (2) ir // (3) van // (4) voy // (5) vamos // (6) ir

🎧 Track 26

Saludo y despedida	Begrüßung und Verabschiedung
hola	*hallo*
chao *(ugs.)*	*tschüss*
adiós	*tschüss / mach's gut*
buenos días	*guten Morgen / guten Tag*
buenas tardes	*guten Tag / guten Abend*
buenas noches	*guten Abend / gute Nacht*
hasta ahora	*bis gleich*
hasta más tarde	*bis später*
hasta esta tarde / la noche	*bis heute Nachmittag / Abend*
hasta luego	*bis dann*
hasta mañana	*bis morgen*
hasta el viernes	*bis Freitag*
hasta el fin de semana	*bis zum Wochenende*
hasta la vista	*auf Wiedersehen*
hasta nunca	*auf Nimmerwiedersehen*

Schon gewusst? Das deutsche „tschüss" und das spanische "adiós" haben den gleichen Ursprung: „ad deum" („zu Gott"), das übrigens auch „adieu" und „ade" hervorgebracht hat.

🎧 Track 27

La familia	Die Familie
la madre	*die Mutter*
el padre	*der Vater*
los padres	*die Eltern*
mamá	*Mama*
papá	*Papa*
la hija / el hijo	*die Tochter / der Sohn*
los hijos	*die Kinder*
la hermana / el hermano	*die Schwester / der Bruder*
los hermanos	*die Geschwister*
la abuela / el abuelo	*die Großmutter / der Großvater*
los abuelos	*die Großeltern*
la nieta / el nieto	*die Enkelin / der Enkel*
los nietos	*die Enkel*
la tía / el tío	*die Tante / der Onkel*
los tíos	*Tante(n) und Onkel*
la prima / el primo	*die Cousine / der Cousin*
los primos	*Cousin(s) und Cousine(n)*
la familia política	*durch Heirat verbundene Familie*
la suegra / el suegro	*die Schwiegermutter / der Schwiegervater*
la cuñada / el cuñado	*die Schwägerin / der Schwager*
casarse	*heiraten*
divorciarse	*sich scheiden lassen*

🎧 Track 28

Números cardinales | Kardinalzahlen

1	uno	14	catorce	80	ochenta
2	dos	15	quince	90	noventa
3	tres	16	dieciséis	100	cien
4	cuatro	17	diecisiete	101	ciento uno
5	cinco	18	dieciocho	200	doscientos
6	seis	19	diecinueve	500	quinientos
7	siete	20	veinte	1 000	mil
8	ocho	21	veintiuno	1 001	mil uno
9	nueve	30	treinta	1 100	mil cien
10	diez	40	cuarenta	10 000	diez mil
11	once	50	cincuenta	100 000	cien mil
12	doce	60	sesenta	1 000 000	un millón
13	trece	70	setenta	0	cero

🎧 Track 29

Números ordinales | Ordinalzahlen

primero, primera	*erster, erste*
segundo, segunda	*zweiter, zweite*
tercero, tercera	*dritter, dritte*
cuarto, cuarta	*vierter, vierte*
quinto, quinta	*fünfter, fünfte*
sexto, sexta	*sechster, sechste*
séptimo, séptima	*siebter, siebte*
octavo, octava	*achter, achte*
noveno, novena	*neunter, neunte*
décimo, décima	*zehnter, zehnte*

🎧 Track 30

Cantidades sin números	Mengenangaben ohne Ziffern
un par	ein paar / Paar
una decena	zehn Stück
una docena	ein Dutzend
algunos, -as	einige
bastante	ausreichend
poco, -a, pocos, -as	wenig, wenige
mucho, -a, muchos, -as	viel, viele
demasiado, -a, demasiados, -as	zu viel, zu viele

🎧 Track 31

Meses		Monate	
enero	Januar	julio	Juli
febrero	Februar	agosto	August
marzo	März	septiembre	September
abril	April	octubre	Oktober
mayo	Mai	noviembre	November
junio	Juni	diciembre	Dezember

día laboral	Werktag
(día) festivo	Feiertag
fin de semana	Wochenende
semana / semanal	Woche / wöchentlich
mes / mensual	Monat / monatlich
semestre / semestral	Semester, Halbjahr / halbjährlich
año / anual	Jahr / jährlich

🎧 Track 32

La hora	Uhrzeit
¿Qué hora es? (Spanien)	*Wie viel Uhr ist es?*
¿Qué horas son? (Südamerika)	
Es la una.	*Es ist ein Uhr.*
Son las dos.	*Es ist zwei Uhr.*
Son las tres y diez.	*Es ist zehn (Minuten) nach drei.*
Son las cuatro y cuarto.	*Es ist Viertel nach vier.*
Son las seis y media.	*Es ist halb sieben.*
Son las siete menos veinticinco.	*Es ist fünf nach halb sieben.*
Son las nueve menos cuarto.	*Es ist Viertel vor neun.*
Son las once en punto.	*Es ist genau elf (Uhr).*
Son las doce (del mediodía / de la noche).	*Es ist zwölf Uhr mittags / nachts.*
¿A qué hora?	*Um wie viel Uhr?*
A la una.	*Um ein Uhr.*
A las dos, tres...	*Um zwei, drei ... Uhr.*
De cuatro a cinco. / Desde las cuatro hasta las cinco.	*Von vier bis fünf (Uhr).*
Entre las seis y las siete.	*Zwischen sechs und sieben (Uhr).*
Dentro de media hora.	*In einer halben Stunde.*
Hace dos horas.	*Vor zwei Stunden.*

🎧 Track 33

Días de la semana	Wochentage
lunes	*Montag*
martes	*Dienstag*
miércoles	*Mittwoch*
jueves	*Donnerstag*
viernes	*Freitag*
sábado	*Samstag*
domingo	*Sonntag*
¿Qué día es hoy?	*Was für ein Tag ist heute?*

🎧 Track 34

El tiempo	Das Wetter
el sol	*die Sonne*
soleado, -a	*sonnig, heiter*
la nube	*die Wolke*
nublado, -a	*wolkig, bewölkt*
el calor	*die Wärme, Hitze*
caluroso, -a	*warm, heiß*
el frío	*die Kälte*
frío, -a	*kalt*
fresco, -a	*frisch, kühl*
la lluvia	*der Regen*
lluvioso, -a	*regnerisch*
llover	*regnen*
la nieve	*der Schnee*
nevar	*schneien*

🎧 Track 34

El tiempo	Das Wetter
la(s) helada(s)	*der Frost*
helar	*frieren*
el viento	*der Wind*
la tormenta	*das Gewitter*
la niebla	*der Nebel*
nebuloso, -a	*neblig*
el grado	*das Grad*
la temperatura	*die Temperatur*
el termómetro	*das Thermometer*
Hace sol.	*Es ist sonnig. / Die Sonne scheint.*
Hace viento / aire.	*Es ist windig.*
Hacer buen / mal tiempo.	*Das Wetter ist schön / schlecht.*
Hace frío / calor.	*Es ist kalt / warm, heiß.*
Hay niebla.	*Es ist neblig.*

🎧 Track 35

Los colores	Die Farben
rojo, -a	*rot*
azul	*blau*
amarillo, -a	*gelb*
verde	*grün*
blanco, -a	*weiß*
negro, -a	*schwarz*
gris	*grau*
marrón / pardo	*braun / graubraun*

🎧 Track 35

Los colores	Die Farben
violeta	*violett, veilchenblau*
rosa	*rosa*
turquesa	*türkis*
dorado, -a	*golden*
plateado, -a	*silbern*
de un (solo) color	*einfarbig*
de varios colores, multicolor	*bunt*
en blanco y negro	*schwarz-weiß*

🎧 Track 36

Deportes	Sportarten
correr	*joggen*
nadar	*schwimmen*
patinar	*Rollschuh laufen, inlineskaten*
esquiar	*Ski fahren*
hacer montañismo / senderismo	*Bergsteigen / Wandern*
ir en bici	*mit dem Fahrrad fahren*
montar a caballo	*reiten*
jugar al tenis / fútbol / balonmano / baloncesto / hockey / vóleibol / ping-pong	*Tennis / Fußball / Handball / Basketball / Hockey / Volleyball / Tischtennis spielen*

🎧 Track 37

Otras aficiones	Andere Hobbys
leer	*lesen*
pintar	*malen*
viajar	*reisen*
bailar	*tanzen*
ir al cine / a conciertos / al museo	*ins Kino / auf Konzerte / ins Museum gehen*
escuchar música	*Musik hören*
quedar con amigos	*sich mit Freunden verabreden*

🎧 Track 38

Instrumentos de música	Musikinstrumente
la flauta (travesera)	*die (Quer-)Flöte*
la trompeta	*die Trompete*
la guitarra	*die Gitarre*
el violín	*die Geige*
el (violon)chelo	*das (Violon-)Cello*
el bajo	*der Bass*
el piano (de cola)	*das Klavier (der Flügel)*
la batería	*das Schlagzeug*
el acordeón	*das Akkordeon*
el saxo	*das Saxofon*
el tambor	*die Trommel*
el clarinete	*die Klarinette*
las castañuelas	*die Kastagnetten*
el órgano	*die Orgel*

🎧 Track 39

Muebles	Möbel
la mesa	der Tisch
la silla	der Stuhl
la cama	das Bett
el sofá	das Sofa
el armario	der Schrank
la estantería	das Regal

🎧 Track 40

El cuerpo	Der Körper
la cara	das Gesicht
el ojo	das Auge
la nariz	die Nase
la oreja	das Ohr
la boca	der Mund
la cabeza	der Kopf
el pelo	das Haar, die Haare
el brazo	der Arm
la mano	die Hand
el dedo (de la mano)	der Finger
la espalda	der Rücken
la pierna	das Bein
la rodilla	das Knie
el pie	der Fuß

🎧 Track 41

Ropa y accesorios	Kleidung und Accessoires
el pantalón	*die Hose*
la camisa	*das Hemd*
la camiseta	*das T-Shirt*
la blusa	*die Bluse*
la falda	*der Rock*
el vestido	*das Kleid*
el traje	*der Anzug*
la chaqueta	*die Jacke*
la cazadora	*Blouson, Windjacke*
el abrigo	*der Mantel*
los calcetines	*die Socken*
el bañador	*der Badeanzug, die Badehose*
el zapato	*der Schuh*
la sandalia	*die Sandale*
la bota	*der Stiefel*
el sombrero	*der Hut*
el gorro / la gorra	*die Mütze / die Kappe*
el guante	*der Handschuh*
la bufanda	*der Schal*
las gafas (de sol)	*die (Sonnen-)Brille*

🎧 Track 42

Fruta y verdura	Obst und Gemüse
la manzana	der Apfel
la pera	die Birne
la naranja	die Orange
la mandarina	die Mandarine
el limón	die Zitrone
el albaricoque	die Aprikose
el melocotón	der Pfirsich
el plátano	die Banane
la uva	die Weintraube
la sandía	die Wassermelone
el melón	die Honigmelone
la fresa	die Erdbeere
la cereza	die Kirsche
la piña	die Ananas
el tomate	die Tomate
la patata	die Kartoffel
la cebolla	die Zwiebel
el ajo	der Knoblauch
la zanahoria	die Möhre, die Karotte
el pepino	die Gurke
el pimiento	die Paprika
la judía	die Bohne

Carne y pescado	Fleisch und Fisch
(carne de) vacuno/vaca	*Rind(fleisch)*
(carne de) ternera	*Kalb(fleisch)*
(carne de) cerdo	*Schwein(efleisch)*
(carne de) cordero	*Lamm(fleisch)*
(carne de) pollo	*Hähnchen(fleisch)*
la hamburguesa	*der Hamburger*
la sardina	*die Sardine*
el salmón	*der Lachs*
la merluza	*der Seehecht*
la lubina	*der Wolfsbarsch*
el atún	*der Thunfisch*
el langostino	*die Garnele*
la gamba	*die Krabbe*
el calamar	*der Tintenfisch*
el pulpo	*der Oktopus, der Krake*
el mejillón	*die Miesmuschel*
la ostra	*die Auster*

🎧 Track 44

Más alimentos	Sonstige Lebensmittel
el huevo	*das Ei*
el aceite (de oliva)	*das (Oliven-)Öl*
el arroz	*der Reis*
la pasta	*die Nudeln*
el pan	*das Brot*
el azúcar	*der Zucker*
la sal	*das Salz*
la miel	*der Honig*
el chocolate	*die Schokolade*
el queso	*der Käse*

🎧 Track 45

Bebidas	Getränke
el agua*	*das Wasser*
el café	*der Kaffee*
el té	*der Tee*
la leche	*die Milch*
el zumo	*der Saft*
la cerveza	*das Bier*
el vino	*der Wein*
el cava	*der Sekt*

*agua ist ein weibliches Wort: el agua fresca

🎧 Track 46

Medios de transporte	Verkehrsmittel
la bici(cleta)	das Fahrrad
el coche	das Auto
el autobús	der Bus
el tranvía	die Straßenbahn
el metro	die U-Bahn
el taxi	das Taxi
el tren	der Zug
el barco	das Schiff
el ferry	die Fähre
el avión	das Flugzeug
la estación (de tren)/ de autobuses	der Bahnhof / der Busbahnhof
el puerto / el aeropuerto	der Hafen / der Flughafen

🎧 Track 47

Países y nacionalidades	Länder und Nationalitäten
Alemania *Deutschland*	**alemán, -a** *Deutsche(r)*
Argentina *Argentinien*	**argentino, -a** *Argentinier(in)*
Austria *Österreich*	**austriaco, -a** *Österreicher(in)*
Brasil *Brasilien*	**brasileño, -a** *Brasilianer(in)*
Chile *Chile*	**chileno, -a** *Chilene/-in*
China *China*	**chino, -a** *Chinese/-in*
Colombia *Kolumbien*	**colombiano, -a** *Kolumbianer(in)*
Cuba *Kuba*	**cubano, -a** *Kubaner(in)*
España *Spanien*	**español, -a** *Spanier(in)*
Estados Unidos de América *Vereinigte Staaten von Amerika*	**estadounidense** *US-Amerikaner(in)*
Francia *Frankreich*	**francés, -a** *Franzose/Französin*
Gran Bretaña *Großbritannien*	**británico, -a** *Brite/-in*
Grecia *Griechenland*	**griego, -a** *Grieche/-in*
Italia *Italien*	**italiano, -a** *Italiener(in)*
Japón *Japan*	**japonés, -esa** *Japaner(in)*
México *Mexiko*	**mexicano, -a** *Mexikaner(in)*
Polonia *Polen*	**polaco, -a** *Pole/-in*
Portugal *Portugal*	**portugués, -a** *Portugiese/-in*
Rusia *Russland*	**ruso, -a** *Russe/-in*
Suecia *Schweden*	**sueco, -a** *Schwede/-in*
Suiza *Schweiz*	**suizo, -a** *Schweizer(in)*

Verbkonjugationen im Präsens

Regelmäßige Verben mit Endung auf ...

... -**ar**:

		tomar _nehmen_
Singular	1. Person (yo)	tom**o**
	2. Person (tu)	tom**as**
	3. Person (él, ella, usted)	tom**a**
Plural	1. Person (nosotros, -as)	tom**amos**
	2. Person (vosotros, -as)	tom**áis**
	3. Person (ellos, -as, ustedes)	tom**an**

... -**er** und -**ir**:

		beber _trinken_	escribir _schreiben_
Singular	1.	beb**o**	escrib**o**
	2.	beb**es**	escrib**es**
	3.	beb**e**	escrib**e**
Plural	1.	beb**emos**	escrib**imos**
	2.	beb**éis**	escrib**ís**
	3.	beb**en**	escrib**en**

Wichtige unregelmäßige Verben:

		ser + estar *sein*		hacer *machen*
Singular	1.	soy	estoy	hago
	2.	eres	estás	haces
	3.	es	está	hace
Plural	1.	somos	estamos	hacemos
	2.	sois	estáis	hacéis
	3.	son	están	hacen

		tener *haben*	ir *gehen*
Singular	1.	tengo	voy
	2.	tienes	vas
	3.	tiene	va
Plural	1.	tenemos	vamos
	2.	tenéis	vais
	3.	tienen	van

Artikel

Im Spanischen verwendet man wie im Deutschen bestimmte und unbestimmte Artikel, deren Genus und Numerus dem Substantiv entsprechen, vor dem sie stehen. Allerdings gibt es nur maskuline und feminine Substantive.

Der bestimmte Artikel

	Singular	Plural
m	**el** plato *der Teller*	**los** platos *die Teller*
f	**la** taza *die Tasse*	**las** tazas *die Tassen*

Treten bestimmte Artikel nach den Präpositionen **a** und **de** auf, verschmelzen sie mit ihnen, ähnlich wie im Deutschen:

a + el = al   Voy **al** teatro.   *Ich gehe ins Theater.*
de + el = del   Vengo **del** médico.   *Ich komme vom Arzt.*

Der unbestimmte Artikel

	Singular	Plural
m	**un** plato *ein Teller*	**unos** platos *einige Teller*
f	**una** taza *eine Tasse*	**unas** tazas *einige Tassen*

Im Spanischen gibt es die unbestimmten Artikel auch im Plural, meist um eine unbestimmte Menge zu bezeichnen:

Lavo **unos** platos y **unas** tazas.   *Ich spüle (einige) Teller und Tassen.*

Bei bestimmten Substantiven verwendet man sie auch im Plural::

Compro **unos** pantalones y **unas** gafas.
Ich kaufe ein Paar Hosen / eine Hose und eine Brille.

Zur Verneinung von un / una verwendet man **ningún / ninguno / ninguna**:

No compro **ningunos** pantalones ni **ningunas** gafas.
Ich kaufe keine Hose und keine Brille.

Adjektive

Das Adjektiv wird in Geschlecht und Zahl an das Substantiv angeglichen, auf das es sich bezieht, und steht meist dahinter (einige Ausnahmen sind Mengenangaben wie **medio** *halb,* **tanto** *so viel,* **mucho** *viel,* **poco** *wenig*).

Bei Adjektiven auf **-o** endet die weibliche Form auf **-a**.

	Singular	Plural
m	el niñ**o** pequeñ**o** *der kleine Junge*	los niño**s** pequeño**s** *die kleinen Jungen*
f	la niñ**a** pequeñ**a** *das kleine Mädchen*	las niña**s** pequeña**s** *die kleinen Mädchen*

Adjektive auf **-or** und Nationalitätsadjektive auf **-és** oder **-án** bilden die weibliche Form ebenfalls mit **-a**.

m	f
el niñ**o** trabajad**or** *der fleißige Junge*	la niñ**a** trabajador**a** *das fleißige Mädchen*
el niñ**o** franc**és** *der französische Junge*	la niñ**a** frances**a** *das französische Mädchen*
el niñ**o** alem**án** *der deutsche Junge*	la niñ**a** aleman**a** *das deutsche Mädchen*

Adjektive auf **-a, -e, -i, -u**, Konsonant oder **-és** (außer Nationalitätsadjektive) weisen die gleichen Endungen in der männlichen und weiblichen Form auf.

Singular (*m/f*)	Plural (*m/f*)
el niñ**o** / la niñ**a** deportist**a**	los niño**s** / las niña**s** deportista**s**
el niñ**o** / la niñ**a** fuert**e**	los niño**s** / las niña**s** fuerte**s**
el niñ**o** / la niñ**a** feli**z**	los niño**s** / las niña**s** felic**es**
el niñ**o** / la niñ**a** cort**és**	los niño**s** / las niña**s** cortes**es**

Bezieht sich ein Adjektiv auf mehrere Substantive, von denen wenigstens eines männlich ist, steht es traditionell in der männlichen Pluralform:

El niño y las niñas son muy pequeñ**os.**
Der Junge und die Mädchen sind sehr klein.

Possessivpronomen

Im Spanischen gibt es unbetonte und betonte Possessivpronomen, die ein Substantiv begleiten.

Unbetonte Possessivpronomen

	Singular		Plural	
	m	*f*	*m*	*f*
mein / meine	mi	mi	mis	mis
dein / deine	tu	tu	tus	tus
sein / seine *ihr / ihre*	su	su	sus	sus
unser / unsere	nuestro	nuestra	nuestros	nuestras
euer / eure *Ihr / Ihre*	vuestro	vuestra	vuestros	vuestras
ihr / ihre	su	su	sus	sus

Unbetonte Possessivpronomen stehen vor dem Substantiv, auf das sie sich beziehen:

Mi comida favorita es la lasaña.
Mein Lieblingsessen ist Lasagne.

Betonte Possessivpronomen

	Singular		Plural	
	m	*f*	*m*	*f*
mein/e	mío	mía	míos	mías
dein/e	tuyo	tuya	tuyos	tuyas
sein/e	suyo	suya	suyos	suyas
unser/e	nuestro	nuestra	nuestros	nuestras
euer/-re	vuestro	vuestra	vuestros	vuestras
ihr/e	suyo	suya	suyos	suyas

Betonte Possessivpronomen stehen *nach* dem Substantiv, wenn es von einem Artikel, einem Demonstrativpronomen oder einem Zahlwort begleitet wird. In Geschlecht und Zahl stimmen sie mit diesem Substantiv überein.

Esa amiga **tuya** es muy guapa.
Diese Freundin von dir ist sehr hübsch.

Verneinung

Die einfache Verneinung wird im Spanischen mit **no** gebildet, wobei **no** sowohl nein als auch nicht bzw. kein, keine bedeuten kann.

No als „nein"

¿Se puede pagar con tarjeta de crédito? **No**, lo siento.
Kann man mit Kreditkarte bezahlen? – Nein, tut mir leid.

No als „nicht" bzw. „kein/keine"

En este restaurante **no** se puede pagar con tarjeta de crédito.
In diesem Restaurant kann man nicht mit Kreditkarte bezahlen.

Außer **no** gibt es noch andere Wörter, mit denen eine Verneinung ausgedrückt werden kann. Hier einige Beispiele:

nadie	*niemand*
nada	*nichts*
ningún, ninguno, -a	*keiner, niemand*
nunca	*nie, niemals*
ni, ni siquiera	*nicht einmal*
tampoco	*auch nicht*

Normalerweise wird zusätzlich zu dem Wort,
das die Aussage verneint, **no** verwendet:

No he visto **nada**.   *Ich habe nichts gesehen.*
Anna **no** conoce a **nadie**.   *Anna kennt niemanden.*

Fragesatz und Fragewörter

Im Spanischen beginnt ein Fragesatz immer mit dem umgekehrten
Fragezeichen ¿. Da das Subjekt oft weggelassen wird, kann man in
diesen Fällen (mündliche) Fragen nur an der Betonung erkennen.

¿Hablas alemán?   *Sprichst du Deutsch?* aber:
Hablas alemán.   *Du sprichst Deutsch.*

Fragesätze werden oft ganz ohne Fragewörter gebildet:

¿Anna y José son pareja?   *Sind Anna und José ein Paar?*
¿Son pareja Anna y José?   *Sind Anna und José ein Paar?*

Hier einige der wichtigsten Fragewörter:

qué	*was, welche(r, s), was für ein(e)*
cuál, cuáles	*welche(r, s), was für ein(e)*
quién, quiénes	*wer*
cuánto, -a, -os, -as	*wie viel*
dónde	*wo*
cuándo	*wann*
cómo	*wie*

! Achtung: Wenn die oben aufgeführten Pronomen als Frage-
pronomen verwendet werden, tragen sie immer einen Akzent.

¿**Qué** opinas sobre Anna? – Creo **que** es muy simpática.
Was hältst du von Anna? Ich glaube, dass sie sehr sympathisch ist.

¿**Cuándo** nos vemos? – **Cuando** termine de comer.
Wann sehen wir uns? – Wenn ich fertig gegessen habe.

Zeitformen

Gegenwart: Das Präsens der regelmäßigen Verben wird im Spanischen
durch das Anhängen der jeweiligen Endung an den Verbstamm
gebildet (Konjugation Seite 106) und weitgehend wie im Deutschen
verwendet, also zur Beschreibung von Erlebnissen und Handlungen
in der Gegenwart, aber auch von festen Plänen in der Zukunft:

José **trabaja** todo el día.   *José arbeitet den ganzen Tag.*
Mañana **comemos** en la playa.   *Morgen essen wir am Strand.*

Hinsichtlich der Verbbildung gibt es sehr viele Ausnahmen, die man
leider lernen muss. Hier einige der wichtigsten unregelmäßigen Verben:

	e > ie	o > ue	e > i
	pensar *denken*	**contar** *zählen*	**pedir** *bitten*
yo	p**ie**nso	c**ue**nto	p**i**do
tú	p**ie**nsas	c**ue**ntas	p**i**des
él, ella, usted	p**ie**nsa	c**ue**nta	p**i**de
nosotros/-as	pensamos	contamos	pedimos
vosotros/-as	pensáis	contáis	pedís
ellos/-as, ustedes	p**ie**nsan	c**ue**ntan	p**i**den

! Achtung: **e > ie** auch bei   querer *wollen*, cerrar *schließen*,
empezar *beginnen*, perder *verlieren*.

o > ue auch bei   dormir *schlafen*, encontrar *finden*, costar *kosten*.

e > i   auch bei   elegir *wählen*, repetir *wiederholen*, reírse *lachen*.

Vergangenheit: Im Spanischen gibt es mehrere Vergangenheits-
formen. Das **Perfekt** beschreibt abgeschlossene Handlungen oder
Ereignisse, die einen Bezug zur Gegenwart haben. Es wird mit dem
Präsens des Hilfsverbs **haber** und dem Partizip Perfekt gebildet.

		1. Konj.	2. Konj.	3. Konj.
yo	he	trabaj**ado**	com**ido**	viv**ido**
tú	has	trabaj**ado**	com**ido**	viv**ido**
él, ella, usted	ha	trabaj**ado**	com**ido**	viv**ido**
nosotros/-as	hemos	trabaj**ado**	com**ido**	viv**ido**
vosotros/-as	habéis	trabaj**ado**	com**ido**	viv**ido**
ellos/-as, ustedes	han	trabaj**ado**	com**ido**	viv**ido**

Einige Verben haben ein unregelmäßiges Partizip:

Infinitiv		Partizip	
decir	*sagen*	dicho	*gesagt*
hacer	*machen*	hecho	*gemacht*
escribir	*schreiben*	escrito	*geschrieben*
poner	*legen, stellen*	puesto	*gelegt, gestellt*
ver	*sehen*	visto	*gesehen*

Mit dem Perfekt häufig verwendete Zeitangaben sind:
esta mañana *heute Morgen*, **esta semana** *diese Woche*,
hasta ahora *bis jetzt*, **todavía no** *noch nicht*, **nunca** *nie*.

Das **Indefinido** beschreibt die historische, abgeschlossene
Vergangenheit, also Handlungen oder Ereignisse, die an einem
bestimmten Zeitpunkt oder innerhalb eines abgeschlossenen
Zeitraums stattgefunden haben. Bei regelmäßigen Verben wird
die entsprechende Endung an den Verbstamm angehängt.

	1. Konj.	2. Konj.	3. Konj.
yo	trabaj**é**	com**í**	viv**í**
tú	trabaj**aste**	com**iste**	viv**iste**
él, ella, usted	trabaj**ó**	com**ió**	viv**ió**
nosotros/-as	trabaj**amos**	com**imos**	viv**imos**
vosotros/-as	trabaj**asteis**	com**isteis**	viv**isteis**
ellos/-as, ustedes	trabaj**aron**	com**ieron**	viv**ieron**

Viele Verben bilden jedoch im Indefinido einen anderen Stamm, sie alle enden auf **-e, -iste, -o, -imos, -isteis, -ieron**.
Hier eine Auswahl der wichtigsten Verben:

Infinitiv	Indefinido-Stamm	konjugiertes Verb
estar *sein*	**estuv-**	estuve, estuviste, estuvo, estuvimos, …
hacer *machen*	**hic-**	hice, hiciste, hizo, hicimos, …
poder *können*	**pud-**	pude, pudiste, pudo, pudimos, …
querer *wollen*	**quis-**	quise, quisiste, quiso, quisimos, …
tener *haben*	**tuv-**	tuve, tuviste, tuvo, tuvimos, …
decir *sagen*	**dij-**	dije, dijiste, dijo, dijimos, …
ver *sehen*	**v-**	vi, viste, vio, vimos, visteis, vieron
dar *geben*	**d-**	di, diste, dio, dimos, disteis, dieron
ser *sein*	**f-**	fui, fuiste, fue, fuimos, fuisteis, fueron
ir *gehen*	**f-**	

Häufige Zeitangaben beim Indefinido sind:
ayer *gestern*, **la semana pasada** *letzte Woche*,
hace cinco años *vor fünf Jahren*.

! Achtung: Wenn der Zeitpunkt in der Vergangenheit nicht
bekannt oder unwichtig ist, wird das Perfekt verwendet:

¿**Has leído** este libro? *Hast du dieses Buch gelesen?*

Der Imperativ

Die Du-Form des Imperativs ist bei regelmäßigen Verben die
gleiche wie die 3. Person Singular des Indikativ Präsens:
él/ella **come** *er/sie isst* / ¡**Come!** *Iss!*
Die höfliche und formelle Sie-Form wird gebildet, indem man
das **-r** des Infinitivs am Ende des Verbs durch **-d** ersetzt:
come**r** *essen* / ¡Come**d**! *Esst!*

Einige Verben haben eine unregelmäßige Du-Form, z.B:

Infinitiv		Imperativ
decir	*sagen*	¡di!
hacer	*machen*	¡haz!
ir	*gehen*	¡ve!
poner	*stellen, legen*	¡pon!
tener	*haben*	¡ten!
salir	*sagen*	¡sal!
ser	*sein*	¡sé!
venir	*gehen*	¡ven!

! Achtung: Wenn am Ende des Satzes ein Ausrufezeichen steht,
muss im Spanischen zusätzlich am Anfang des Satzes ein
umgekehrtes Ausrufezeichen (¡) stehen.

Kapitel 3.2   No dejes para mañana lo que puedas hacer hoy. 🎧 Track 8

(1) Primero vas todo recto hasta la plaza.

(1) *Erst gehst du immer geradeaus bis zum Platz.*

(2) En la plaza giras a la derecha a la Calle Mayor.

(2) *Auf dem Platz biegst du rechts in die Calle Mayor ab.*

(3) Ahí coges la segunda calle a la izquierda y sigues 100 m.

(3) *Dort nimmst du die zweite Straße links und gehst 100 m.*

(4) Cruzas el río por el puente y luego giras a la izquierda.

(4) *Du überquerst den Fluss auf der Brücke und biegst dann nach links ab.*

(5) Vas hacia la iglesia y pasas Correos.

(5) *Du gehst auf die Kirche zu und an der Post vorbei.*

(6) El edificio blanco de al lado de Correos es la oficina de empadronamiento.

(6) *Das weiße Gebäude neben der Post ist das Einwohnermeldeamt.*

A

A las dos, tres...   *Um zwei, drei ... Uhr.*
A la una.   *Um ein Uhr.*
abrazar   *umarmen*
abrigo   *m   Mantel*
abril   *m   April*
abrir   *eröffnen, aufmachen, öffnen*
abuelo, -a   *m/f   Großvater, Großmutter*
abuelos   *m Pl   Großeltern*
academia   *f   Akademie*
aceite *m* **(de oliva)**   *(Oliven-)Öl*
acompañar   *begleiten*
acordar   *vereinbaren*
acordeón   *m   Akkordeon*
acueducto   *m   Aquädukt*
acuerdo   *m   Einigung, Abmachung, Vereinbarung*
además   *außerdem*
adiós   *tschüss / mach's gut*
adónde   *wohin*
aeropuerto   *m   Flughafen*
agencia   *f   Agentur*
agencia *f* **de publicidad**   *Werbeagentur*
agosto   *m   August*
agradable   *angenehm*
agua   *m   Wasser*
ahí   *da*
ahora   *nun, jetzt*
ahora mismo   *gleich, gerade jetzt*
aire   *m   Luft*
ajo   *m   Knoblauch*
al lado de   *neben*
albaricoque   *m   Aprikose*
albóndiga   *f   (Fleisch-)Kloß*
álbum   *m   Album*
alemán, -ana   *Deutsche(r)*
Alemania   *f   Deutschland*
algo   *etwas*
alguien   *jemand*
alguna vez   *schon einmal, irgendwann*
alguno, -a   *irgendein(e)*
algunos, -as   *einige, manche*
amable   *liebenswürdig, freundlich*
amar   *lieben*
amarillo, -a   *gelb*
amigo, -a   *m/f   Freund(in)*
amor   *m   Liebe*
andaluz, -a   *andalusisch*

andaluz, -a   *m/f   Andalusier(in)*
ánimo   *m   Mut*
año   *m   Jahr*
antes   *früher, vorher*
anuncio   *m   Anzeige, Annonce*
apellido   *m   Nachname*
apetecer   *Lust haben auf*
aquí   *hierher, hier*
Aquisgrán   *Aachen*
araña   *f   Spinne*
Argentina   *f   Argentinien*
argentino, -a   *m/f   Argentinier(in)*
armario   *m   Schrank*
arquitecto, -a   *m/f   Architekt(in)*
arroz   *m   Reis*
artículo   *m   Artikel*
asado   *m   Braten*
asear   *säubern*
asentar   *aufstellen*
asentir   *zustimmen*
aseo   *m   Toilette*
así   *so*
asiento   *m   Sitz*
asombrar   *wundern*
atún   *m   Thunfisch*
Austria   *f   Österreich*
austriaco, -a   *m/f   Österreicher(in)*
autobús   *m   Bus*
autónomo, -a   *selbstständig*
avión   *m   Flugzeug*
azúcar   *m   Zucker*
azul   *blau*

B

baby   *m   Baby*
bacalao   *m   Kabeljau*
bailar   *tanzen*
bajar   *aussteigen, hinuntergehen*
bajo, -a   *niedrig, leise*
bajo   *m   Bass*
balcón   *m   Balkon*
bañador   *m   Badeanzug, Badehose*
banda   *f   Band (Musik)*
baño   *m   Bad*
bar   *m   Kneipe*
barco   *m   Schiff*
bastante   *ausreichend*
batería   *f   Schlagzeug*

beber *trinken*
bello, -a *schön*
beso *m Kuss*
bici(cleta) *f Fahrrad*
bien *gut*
bienvenido, -a *willkommen*
bikini *m Bikini*
blanco, -a *weiß*
blanco y negro *schwarz-weiß*
blusa *f Bluse*
boca *f Mund*
bombón *m Praline*
bonito, -a *hübsch, schön*
bota *f Stiefel*
Brasil *m Brasilien*
brasileño, -a *m/f Brasilianer(in)*
bravo, -a *tapfer, mutig*
¡bravo! *Beifallsruf*
brazo *m Arm*
británico, -a *m/f Brite, Britin*
brócoli *m Brokkoli*
buenas noches *guten Abend / gute Nacht*
buenas tardes *guten Tag / guten Abend*
bueno, -a *brav, lieb, gut*
buenos días *guten Morgen / guten Tag*
bufanda *f Schal*
burocrático *bürokratisch*
buscar *suchen*
butaca *f (Lehn-)Sessel*

C

caballo *m Pferd*
cabeza *f Kopf*
cabra *f Ziege*
cacahuete *m Erdnuss*
caer *fallen*
café *m Kaffee*
cafetería *f Cafeteria*
cagar *kacken, scheißen*
caja *f Kiste, Schachtel; Kasse*
cajero, -a *m/f Kassierer(in)*
calabaza *f Kürbis*
calamar *m Tintenfisch*
calcetines *m Pl Socken*
calle *f Straße*
calor *m Wärme, Hitze*
caluroso, -a *warm, heiß*

cama *f Bett*
camarero, -a *m/f Kellner(in); Bedienung*
cambio *m Wechselgeld*
camión *m Lastwagen*
camisa *f Hemd*
camiseta *f T-Shirt*
canario *m Kanarienvogel*
canario, -a *kanarisch*
canario, -a *m/f Einwohner(in) der Kanarischen Inseln*
canción *f Lied*
cara *f Gesicht*
cariño *m Liebling*
carnaval *m Karneval*
carne *f Fleisch*
carne *f* **de cerdo** *Schweinefleisch*
carne *f* **de cordero** *Lammfleisch*
carne *f* **de pollo** *Hähnchenfleisch*
carne *f* **de ternera** *Kalbfleisch*
carne *f* **de vacuno/vaca** *Rindfleisch*
carnicería *f Metzgerei*
casa *f Haus*
casarse *heiraten*
casi *fast*
castañuelas *f Pl Kastagnetten*
castillo *m Burg*
Cataluña *Katalonien*
catedral *f Dom, Kathedrale*
cava *m (spanischer) Sekt*
cazadora *f Blouson, Windjacke*
cebolla *f Zwiebel*
centro *m Mitte*
cerdo *m Schwein*
cereza *f Kirsche*
cerveza *f Bier*
chao *ugs. tschüss*
chaqueta *f Jacke*
chicle *m Kaugummi*
chico *m Junge*
Chile *m Chile*
chileno, -a *m/f Chilene, Chilenin*
China *f China*
chino, -a *m/f Chinese, Chinesin*
chocolate *m Schokolade*
ciclismo *m Radsport*
cielo *m Himmel*
cincuenta *fünfzig*
cine *m Kino*
ciudad *f Stadt*

civil *bürgerlich*
claro, -a *hell, klar, hell-*
clarinete *m Klarinette*
clic *m Klick*
coche *m Auto*
cocido *m Eintopf*
cocina *f Küche*
Colombia *f Kolumbien*
colombiano, -a *m/f Kolumbianer(in)*
Colonia *Köln*
comedia *f Komödie*
comedor *m Esszimmer*
comer *essen*
comercial *Handels-; geschäftlich*
comida *f Mahlzeit, Essen*
como *wie*
¿Cómo? *Wie?*
compañía *f Begleitung, Gesellschaft*
complemento *m Ergänzung*
comprar *kaufen*
con *mit*
concierto *m Konzert*
conectar(se) *verbinden, sich in Verbindung setzen*
conejillo *m* **de Indias** *Meerschweinchen*
conejo *m Kaninchen*
conocer *wissen, kennenlernen*
conocido, -a *m/f Bekannte(r)*
conocido, -a *bekannt*
conocimiento *m Kenntnis*
cordero *m Lamm*
construcción *f Bau*
contar *zählen, erzählen*
contentar *befriedigen, zufriedenstellen*
contestar *antworten*
contigo *mit dir*
contrato *m Vertrag*
corazón *m Herz*
cordero *m Lamm*
Córdoba *Córdoba*
correo *m Post*
(oficina *f* **de) correos** *m Pl Postamt*
correr *joggen*
cortina *f Vorhang*
corto, -a *kurz*
cosa *f Ding, Sache*
costar *kosten*
crema *f Creme*
crema *f* **solar** *Sonnencreme*

crepe *f Crêpe*
crítica *f Kritik*
cruzar *kreuzen, überqueren*
cuando *sobald, als, wenn*
¿Cuándo? *Wann?*
cuánto, -os, -a, -as *wie viel/e*
cuarenta *m vierzig*
cuarto, -a *vierte(r)*
Cuba *f Kuba*
cubano, -a *m/f Kubaner(in)*
cucaracha *f Schabe*
cuenta *f Rechnung*
cuerpo *m Körper*
culo *m ugs. Hintern, Po*
culpa *f Schuld*
cumplido *m Kompliment*
cuñado, -a *m/f Schwager, Schwägerin*
curioso, -a *neugierig, wissbegierig*
curioso, -a *m/f Neugierige(r)*
currículum (CV) / currículo *m Lebenslauf*
curso *m Kurs*

D

dar *geben*
de *vor, mit, von, aus*
de día *am Tag, tagsüber*
de frente *von vorne, gegenüber*
de un (solo) color *einfarbig*
de varios colores, multicolor *bunt*
decena *f zehn Stück*
décimo, -a *zehnte(r)*
decir *sagen*
dedo *m Finger, Zeh(e)*
dejar *überlassen, verlassen, lassen, erlauben*
delante *vorn*
demasiado, -a *zu viel*
derecha *rechts*
después *nachher, danach*
día *m Tag*
(día) festivo *m Feiertag*
día laboral *m Werktag*
dicho y hecho *gesagt, getan*
diciembre *m Dezember*
dieciséis *sechzehn*
diente *m Zahn*
diferente *anders, unterschiedlich*
disculpa *f Entschuldigung*

diseñador/a *m/f* Designer(in)
diseñar *zeichnen*
diseño gráfico *m* Grafikdesign
diversión *f* Vergnügen
divertir *unterhalten, vergnügen*
divorciarse *sich scheiden lassen*
docena *f* ein Dutzend
dolorosa *f* Rechnung
doloroso, -a *schmerzhaft*
domicilio *m* Wohnsitz
domingo *m* Sonntag
¿Dónde? *Wo?*
dorado, -a *golden*
dormir *schlafen*
dormitorio *m* Schlafzimmer
dulzura *f* Süße
durante *für, während*
durante un año *ein Jahr lang*

E

edificio *m* Gebäude
el *der, den*
él *er*
empadronamiento *m* Anmeldung (beim Einwohnermeldeamt)
empadronar(se) *(sich) anmelden*
empleador/a *m/f* Arbeitgeber(in)
empleo *m* Stelle, Job
empresa *f* Unternehmen, Betrieb, Firma
en *auf, mit, an, in*
en directo *live*
en efectivo *bar*
encantado, -a *entzückt*
encantar *(sich) erfreuen*
encerrar *einschließen*
encontrar *(wieder)finden*
enero *m* Januar
enfadar *ärgern*
enseguida *sofort*
entonces *also*
entorno *m* Umgebung; Umfeld
entrada *f* Eintritt, Eingang, Eintrittskarte
entrar *hineingehen, hereinkommen, eintreten*
entre *unter, zwischen*
Entre las seis y las siete. *Zwischen sechs und sieben (Uhr).*

entrevista *f* Interview; hier: Vorstellungsgespräch
entristecer *traurig machen*
equitación *f* Reiten
era *f* Ära
escuchar *anhören*
escuchar música *Musik hören*
ese, -a *diese(r) da*
espalda *f* Rücken
España *f* Spanien
español, -a *m/f* Spanier(in)
espárrago *m* Spargel
esperar *warten, hoffen*
Espira *Speyer*
esquiar *Ski fahren*
estable *beständig*
estación *f* **de tren / de autobuses** *Bahnhof; Busbahnhof*
estado civil *m* Familien-; Personenstand
Estados Unidos *m Pl* **de América** *Vereinigte Staaten von Amerika*
estadounidense *m/f* US-Amerikaner(in)
estantería *f* Regal
estar *sein*
estar de mala leche *ugs eine Stinklaune haben*
estar hasta las narices (de alguien/algo) *die Nase voll haben (von jdm/etwas)*
este *m* Osten
estudiante *m/f* Student(in), Schüler(in)
estudiar *studieren, lernen*
estudios *m Pl* Studium
estupendo *toll*
euro *m* Euro
experiencia *f* Erfahrung
explicar *erklären*

F

falda *f* Rock
falso, -a *falsch*
faltar *fehlen*
familia *f* Familie
familia política *f* durch Heirat verbundene Familie
farmacia *f* Apotheke
fase *f* Phase
favor *m* Gefallen
febrero *m* Februar

fecha *f* *Datum*
feliz *glücklich*
fiambre *m* *Aufschnitt*
fiesta *f* *Party, Fest*
fin *m* *Ende*
fin *m* **de semana** *Wochenende*
final *m* *Schluss, Ende*
firmar *unterschreiben*
flauta (travesera) *f* *(Quer)Flöte*
formación *f* *Ausbildung, Bildung*
foto *f* *Foto*
francamente *offen; ehrlich gesagt*
francés, -a *m/f* *Franzose, Französin*
Francia *f* *Frankreich*
freír *braten, frittieren*
frente *f* *Stirn*
fresa *f* *Erdbeere*
fresco, -a *frisch, kühl*
frío *m* *Kälte*
frío, -a *kalt*
frontera *f* *Grenze*
frutería *f* *Obstladen*
fruto *m* *Frucht*
fuera *weg, draußen*
fuerza *f* *Kraft, Macht*
furgoneta *f* *Lieferwagen*

gafas (de sol) *f Pl* *(Sonnen-)Brille*
Galicia *Galicien*
galleta *f* *Keks*
gamba *f* *Krabbe*
gato *m* *Katze, Kater*
gimnasio *m* *Fitnessstudio*
girar *abbiegen, drehen*
golosina *f* *Leckerbissen*
gorra *f* *Kappe*
gorro *m* *Mütze*
Gotinga *Göttingen*
gracia *f* *Anmut*
grado *m* *Grad*
gráfico, -a *grafisch*
gráfico *m* *Graphik, Schaubild*
gramo *m* *Gramm*
Gran Bretaña *f* *Großbritannien*
Grecia *f* *Griechenland*
griego, -a *Grieche, Griechin*
gris *grau*

guante *m* *Handschuh*
guapo, -a *gut aussehend, hübsch*
guay *cool, geil, super, klasse*
guitarra *f* *Gitarre*
gustar *schmecken, gefallen, mögen*
me gustaría *ich würde/möchte gern*
gusto *m* *Geschmackssinn; Vergnügen*

hablar *reden, sprechen*
hablar por los codos *zu viel reden, reden wie ein Buch*
hablar por teléfono *telefonieren*
Hace frío / calor. *Es ist kalt / warm, heiß.*
hace poco *vor kurzem, neulich*
Hace sol. *Es ist sonnig. Die Sonne scheint.*
Hace viento / aire. *Es ist windig.*
hacer *bringen zu, machen, tun*
hacer buen / mal tiempo *das Wetter ist schön / schlecht*
hacer montañismo / senderismo *bergsteigen, wandern*
hacia *nach*
hamburguesa *f* *Hamburger*
hámster *m* *Hamster*
hasta *bis*
hasta ahora *bis gleich*
hasta el fin de semana *bis zum Wochenende*
hasta el viernes *bis Freitag*
hasta la / tarde / noche *bis heute Nachmittag / Abend*
hasta la vista *auf Wiedersehen*
hasta luego *bis dann*
hasta mañana *bis morgen*
hasta más tarde *bis später*
hasta nunca *auf Nimmerwiedersehen*
Hay niebla. *Es ist neblig.*
hecho, -a *gemacht*
helar *frieren*
helada(s) *f Pl* *Frost*
hermana *f* *Schwester*
hermano *m* *Bruder*
hermanos *m Pl* *Geschwister*
hija *f* *Tochter*
hijo *m* *Sohn*
hijos *m Pl* *(eigene) Kinder*
histórico, -a *historisch*

hora *f Stunde, Termin*
horario *m Fahrplan, Stundenplan*
hoy *heute*
huevo *m Ei*

I

idea *f Idee*
idioma *m Sprache*
iglesia *f Kirche*
importante *wichtig*
importe *m Betrag*
imprescindible *unentbehrlich, unerlässlich*
infantil *kindlich, Kinder-*
informática *f Informatik*
inglés, -esa *m/f Engländer(in)*
inquieto, -a *unruhig, ruhelos*
instrumento *m Instrument*
internet *m Internet*
ir *fahren, gehen*
ir a comprar *einkaufen*
ir al cine / a conciertos / al museo *ins Kino / auf Konzerte / ins Museum gehen*
ir en bici *mit dem Fahrrad fahren*
Italia *f Italien*
italiano, -a *Italiener(in)*
izquierda *f links*

J

jamón *m Schinken*
Japón *m Japan*
japonés, -esa *m/f Japaner(in)*
jornada *f Arbeitstag*
joven *jung*
judía *f Bohne*
jueves *m Donnerstag*
jugar *spielen*
jugar al tenis / fútbol / balonmano / baloncesto / hockey / vóleibol / ping-pong *Tennis / Fußball / Handball / Basketball / Hockey / Volleyball / Tischtennis spielen*
julio *m Juli*
junio *m Juni*
junto, -a *zusammen*
justo *passend*

L

la *die, sie*
laboral *Arbeits-*
lado *m Seite*
langostino *m Garnele*
largo, -a *lang*
le *ihm, ihr, Ihnen*
leche *f Milch*
leer *lesen*
lengua materna *f Muttersprache*
levantar *aufstehen*
limón *m Zitrone*
lista *f Liste*
llamar *rufen, nennen*
llegar *kommen, ankommen*
llover *regnen*
lluvia *f Regen*
lluvioso, -a *regnerisch*
lo *es, ihn, das*
lo primero *die Hauptsache, das Wichtigste*
lo que *das, was*
loco, -a *verrückt*
los *sie, die*
lubina *f Wolfsbarsch*
luego *später*
lugar *m Ort*
lunes *m Montag*

M

madre *f Mutter*
magia *f Magie*
Maguncia *f Mainz*
mal *falsch, schlecht*
mamá *f Mama*
mañana *f Vormittag, Morgen*
mandar *schicken*
mandarina *f Mandarine*
mano *f Hand*
mantel *m Tischdecke*
manzana *f Apfel*
mar *m Meer*
marítimo *Meer-, See-*
marrón *braun*
martes *m Dienstag*
marzo *m März*
más *mehr*

más tarde *später*
máster *m Master*
materno, -a *mütterlich*
mayo *m Mai*
mayor *älter*
me *mich, mir*
medio, -a *halb*
mejillón *m Miesmuschel*
mejor *besser*
melocotón *m Pfirsich*
melón *m Honigmelone*
menos *weniger*
mensual *monatlich*
mercado *m Markt*
merienda *f Vesper*
merluza *f Seehecht*
mes *m Monat*
mesa *f Tisch*
metro *m U-Bahn*
mexicano, -a *m/f Mexikaner(in)*
México *m Mexiko*
mi *mein*
miedo *m Angst*
miel *f Honig*
miércoles *m Mittwoch*
(el, la, lo) **mismo, -a**
derselbe, dieselbe, dasselbe
moda *f Mode*
momento *m Moment*
un **momento** *einen Augenblick*
montar a caballo *reiten*
monumento *m Denkmal*
motivo *m Grund, Motiv*
motocicleta *f Motorrad*
mucho, -a, muchos, -as *viel, viele*
muerto, -a *tot*
multinacional *multinational*
multinacional *f multinationales Unternehmen, Konzern*
mundo *m Welt*
muñeca *f Puppe*
Múnich *München*
museo *m Museum*
muy *sehr*
muy bien *sehr gut*

N

nacimiento *m Geburt*
nacionalidad *f Nationalität, Staatsangehörigkeit*
nada *nichts*
nadar *schwimmen*
naranja *f Orange*
nariz *f Nase*
natación *f Schwimmen*
Navidad *f Weihnachten*
nebuloso, -a *neblig*
necesitar *brauchen*
negro, -a *schwarz*
nervioso, -a *nervös*
nevar *schneien*
nevera *f Kühlschrank*
niebla *f Nebel*
nieto, -a *m/f Enkel(in)*
nietos *m Pl Enkel*
nieve *f Schnee*
niño *m Junge, Kind*
no *nicht, nein*
Nochevieja *f Silvester*
nombre *m Name*
normal *normal*
nos *uns*
novedad *f Neuheit*
noveno, -a *neunte(r)*
noventa *neunzig*
novio, -a *m/f feste(r) Freund(in)*
noviembre *m November*
nube *f Wolke*
nublado, -a *wolkig, bewölkt*
nuevo, -a *neu*
nunca *nie*

O

obra *f Werk, Arbeit*
ocasión *f Anlass*
ocho *acht*
octavo, -a *achte(r)*
octubre *m Oktober*
odiar *hassen*
oeste *m Westen*
oficina *f Büro*

ofrecer *anbieten*
ojo *m Auge*
once *elf*
orca *m Schwertwal*
oreja *f Ohr*
órgano *m Orgel*
oscuro, -a *dunkel*
ostra *f Auster*

P

padre *m Vater*
padres *m Pl Eltern*
paella *f Paella*
pagar *bezahlen, zahlen*
página web *f Website*
país *m Land*
País Vasco *m Baskenland*
pan *m Brot*
pantalla *f Bildschirm, Leinwand*
pantalón *m Hose*
papá *m Papa*
par *m Paar*
un **par de** *ein Paar*
para *um … zu, für*
para terminar *zum Schluss*
paraguas *m Pl Regenschirm*
parque *m Park*
pasar *vorbeikommen*
Pascua *f Ostern*
paseo marítimo *m Strand-;
  Uferpromenade*
pasillo *m Flur*
pasta *f de dientes Zahnpasta*
patata *f Kartoffel*
pato *m Ente*
peatón, -ona *m/f Fußgänger(in)*
Pekín *Peking*
película *f Spielfilm, Film*
pelo *m Haar(e)*
Pentecostés *m Pfingsten*
pepino *m Gurke*
pera *f Birne*
perdón *m Verzeihung*
perdonar *verzeihen, entschuldigen*
perfecto, -a *perfekt*
periodo *m de prueba Probezeit*
pero *aber*
perro *m Hund*

persona *f Mensch*
pescadería *f Fischladen*
pescado *m Fisch*
piano *m Klavier*
piano *m de cola Flügel*
pie *m Fuß*
piedra *f Stein*
pierna *f Bein*
pimiento *m Paprika*
piña *f Ananas*
pintar *malen*
pizza *f Pizza*
planta *f Pflanze*
plátano *m Banane*
plateado, -a *silbern*
playa *f Strand*
plaza *f Platz*
plaza *f de toros Stierkampfarena*
poco, -a, pocos, -as *wenig, wenige*
un **poco** *ein bisschen*
unos **pocos** *ein paar*
poder *können*
polaco, -a *m/f Pole, Polin*
pollo *m Hühnchen*
Polonia *f Polen*
por *von, wegen, für, über, durch, entlang*
por favor *bitte*
¿Por qué? *Warum?*
por teléfono *telefonisch*
porque *weil*
Portugal *m Portugal*
portugués, -esa *m/f Portugiese,
  Portugiesin*
práctica *f Praxis*
preferir *bevorzugen, vorziehen*
primo, -a *m/f Cousin(e)*
primero, -a *erste(r)*
primos *m/f Pl Cousin(s) und Cousine(n)*
problema *m Problem*
pronto *bald, früh*
propósito *m Vorsatz*
publicidad *f Werbung*
puente *m Brücke*
puerta *f Tür*
puerto *m Hafen*
puesto *m Platz*
pulpo *m Oktopus, Krake*

Q

que *dass*
qué *dass, der/die/dasjenige, der/die/das*
¡Que no! *Aber nein!, Bestimmt nicht!*
¡Que sí! *Ja doch!, Bestimmt!*
quedar *bleiben*
quedar con amigos *sich mit Freunden verabreden*
querer *wollen, gern haben, mögen*
querido, -a *liebe(r)*
queso *m Käse*
¿Quien? *Wer?*
quinto, -a *fünfte(r)*

R

raro, -a *merkwürdig*
Ratisbona *Regensburg*
reconocer *untersuchen, wiedererkennen, erkennen*
recto *geradeaus*
redescubrir *wieder entdecken*
regalo *m Geschenk*
región *f Gegend, Region*
reír *lachen*
respirar *atmen*
rey *m König*
río *m Fluss*
rodilla *f Knie*
rojo, -a *rot*
romper *zerbrechen, zerreißen*
rosa *rosa*
Rusia *f Russland*
ruso, -a *m/f Russe, Russin*

S

sábado *m Samstag*
sal *f Salz*
salchicha *f Würstchen*
salmón *m Lachs*
salón *m Wohnzimmer*
sandalia *f Sandale*
sandía *f Wassermelone*
santo, -a *m/f Heilige(r)*
sardina *f Sardine*
saxo *m Saxofon*

se *sich; man*
sede *f Sitz*
seguir *weitergehen*
segundo, -a *zweite(r)*
seguro, -a *sicher*
seis *sechs*
semana *f Woche*
semanal *wöchentlich*
semestral *halbjährlich*
semestre *m Semester, Halbjahr*
señal *f* **de tráfico** *f Verkehrszeichen, Verkehrsschild*
sentir *fühlen*
septiembre *m September*
séptimo, -a *siebte(r)*
ser *sein*
serio, -a *ernst*
sesenta *sechzig*
sexto, -a *sechste(r)*
si *ob, wenn*
sí *ja*
siempre *immer*
siesta *f Mittagsruhe*
siete *sieben*
silencio *m Ruhe, Stille*
silla *f Stuhl*
sin *ohne*
sin experiencia *unerfahren*
sin querer *ungewollt, unabsichtlich*
smartphone *m Smartphone*
sofá *m Sofa*
sol *m Sonne*
solar *Solar-; Sonnen-*
soleado, -a *sonnig, heiter*
solicitar *sich bewerben, beantragen*
solo, -a *einsam*
sombra *f Schatten*
sombrero *m Hut*
sombrilla *f Sonnenschirm*
sopa *f Suppe*
su *sein, ihr, Ihr*
Suecia *f Schweden*
sueco, -a *m/f Schwede, Schwedin*
suegro, -a *m/f Schwiegervater, Schwiegermutter*
sueldo *m Einkommen, Lohn*
suerte *f Glück*
Suiza *f Schweiz*

suizo, -a *m/f Schweizer(in)*
supermercado *m Supermarkt*
sur *m Süden*

 T

también *auch*
tambor *m Trommel*
taquilla *f Schalter*
tarde *f Nachmittag*
tarjeta *f Karte*
taxi *m Taxi*
te *dich, dir*
té *m Tee*
teléfono *m Telefon*
temperatura *f Temperatur*
tener *haben*
tener que *müssen*
tenis *m Tennis*
tercero, -a *dritte(r)*
terminar *beenden*
termómetro *m Thermometer*
ternero *m Kalb*
tesoro *m Schatz*
ti *dich, dir*
tiempo *m Zeit, Wetter*
tierra *f Erdboden, Erde*
tío, -a *m/f Onkel, Tante*
tíos *m/f Pl Tanten und Onkel*
tipo *m Sorte, Typ*
tocar un instrumento *ein Instrument spielen*
todavía *noch*
todo, -a *alles, ganz*
tomar *nehmen, zu sich nehmen*
tomate *m Tomate*
tormenta *f Gewitter*
toro *m Stier*
tortuga *f Schildkröte*
total *total, vollständig, Gesamt-*
trabajar *arbeiten*
trabajo *m Arbeit; Mühe*
tráfico *m Verkehr*
traje *m Anzug*
trámite *m Dienstweg*
tranvía *m Straßenbahn*
treinta *dreißig*
tren *m Zug*

tres *drei*
Tréveris *Trier*
tripa *f Bauch*
trompeta *f Trompete*
tu *dein(e)*
tú *du*
turquesa *türkis*

 U

uña *f Fingernagel*
una vez *einmal*
Es la **una**. *Es ist ein Uhr.*
uno *man, ein*
uva *f Weintraube*

 V

vacaciones *f Pl Ferien, Urlaub*
vacante *unbesetzt, frei*
vacante *f offene/freie Stelle*
vaca *f Kuh*
vacuno *m Rind*
Valencia *Valencia*
váter *m WC*
venir *kommen*
ventana *f Fenster*
ver *sehen*
verdad *f Wahrheit*
verde *grün*
vestido *m Kleid*
vestidor *m Ankleidezimmer*
vez *f Mal*
viajar *reisen*
viejo, -a *alt*
viejo verde *m ugs. Lustgreis*
viento *m Wind*
viernes *m Freitag*
vigencia *f Gültigkeit*
vino *m Wein*
violeta *violett, veilchenblau*
violín *m Geige*
(violon)chelo *m (Violon)Cello*
visitar *besichtigen*
vista *f Blick, Aussicht, Sehvermögen*
vivir *wohnen, leben*
volar *fliegen*
volver *zurückkommen*

Y

ya   *schon*
ya no   *nicht mehr*
yo   *ich*

Z

zanahoria *f   Möhre, Karotte*
zapato *m   Schuh*
zumo *m   Saft*